「量子力学的」

強運の方程式

シンクロニシティが次々と起こる
絶対法則

高橋宏和

SB Creative

はじめに

不運な人生を歩むか、幸運な人生を歩むか、強運な人生を歩むか？

「思いもよらない良くないことばかりが起きる人生」だったら、あなたはどちらを選択しますか？　「思った通りの良いことばかりが起きる人生」と

恐らく、この本を手に取ってくださった人のほぼ100％が後者を選ぶと思います。

私だってそうです。

さらにもう1つ質問です。

「思った通りの良いことばかりが起きる人生」と「思いもよらない良いことばかりが起きる人生」だったら、あなたはどちらを選択しますか？

少し考えてしまったかもしれません。ただ恐らく、多くの人はこの質問でも後者を選ぶと思います。私だってそうだからです。

この本は量子力学をアナロジーとして「運」について語る本です。

冒頭でお伝えした3つの人生をそれぞれ「不運」「幸運」「強運」と呼びます。

多くの人は「自分は不運な星のもとに生まれた」「あの人には幸運の女神がついている」「強運な人になりたい」などと運を表現します。ですが、これは正解でもあり間違いでもあります。なぜなら、運は時と場合によって状態をシフトチェンジさせることができるからです。

本書はその方法論を「強運の方程式」としてお伝えし、あなたを強運な人生に導くお手伝いをしたいと思って執筆しました。

誰しもが運を変化させられる――このことをまず知った上で、先を読み進めてみてください。

仏教が教えてくれた「この世界はゲーム世界かもしれない」

私はこれまでに4冊の書籍、『あなたの夢を叶えもん』（サンマーク出版）、『「量子力学的」願望実現の教科書』、『「量子力学的」お金と引き寄せの教科書』（ともにSBクリエイティブ）、『「量子力学的」幸せな生き方大全』（KADOKAWA）を出版し、量子力学×「夢を叶える」「願望実現」「お金を引き寄せる」「幸せな生き方」というテーマで執筆してきました。そして、おかげさまでいずれもベストセラーとなり、累計10万部を突破しております。

ですから、過去に私が書いた書籍を読んだ方もいるかもしれません。

今回は「量子力学×強運」がテーマです。量子力学をアナロジーとして運を上げる仕組みについてお伝えしていきます。

さらに私は2022年に得度《とくど》をし、新米僧侶になりました。

悟りを開く道半ばにいるわけですが、仏門に入って仏教を学ぶうちにさまざまな気づきがあり、今回の本でお伝えしようと考えました。これまで20年以上、脳科学、心理学、哲学、宗教などを研究してきましたが、特に東洋思想について学ぶとその根本的な考え方が、量子力学と非常に類似していることに気づきました。

中でも驚きだったのが、物理学を学ぶ人たちの多くが仏教、易経、儒教などの東洋思想にハマっていることでした。そして、これらの思想は量子力学でも説明できるということでした。

思想には「東洋思想」と「西洋思想」があります。

西洋思想は左脳的で、白黒はっきりさせるものです。左脳は、言語や論理的思考を司る部分ですから、西洋思想は物事をロジカルにYESかNOで判断し、はっきりとした答えを求めます。つまり、客観的に測定できるもの、測れるものを重視するのは西洋的な考え方です。左脳は、脳波で言うとβ波優位で、心理学では顕在意識を使っています。量子力学的には、目に見える粒子性を持っていると言えます。

一方で東洋思想は右脳的で、曖昧さを認め、言葉の裏に隠された意図や気持ちを読み取ることを求めます。つまり、主観的なセンスや直感、インスピレーションを重視するのは、東洋的な考え方です。右脳は、脳波で言うとα波やθ波優位で潜在意識を使っています。感覚や感性など目に見えないものは量子力学的には波動性を持っていると言えます。

粒子性と波動性——量子力学的に言えば「$E = mc^2$」と「$E = h\nu$」です。

私が脳科学、心理学、哲学、宗教、量子力学などさまざまな分野を学ぶうちに悟ったのは、あらゆる分野は、左の表のように西洋的と東洋的に分けることができるということです。さらに、仏教は、お釈迦さまがネパールに西暦紀元前624年4月8日に生まれてインドで悟りを得て、その教えを弟子たちがまとめたものですが、その教えをヒントに物理学や量子力学が発展した、という事実です。つまり、時系列的に考えても、まず仏教や易経などの東洋思想が数千年前に生まれ、近年、約100年前に量子力学が誕生したという事実から、マックス・プランクやニールス・ボーア、エルヴィン・シュレーディンガーなどの物理学者は、東洋思想をヒントに量子論や量子力学を発展させたのではないかということです。

量子力学は「目に見えないもの」を扱う学問です。物理学者の中には哲学書を読ん

[西洋的・東洋的なものの分類]

西洋的	カテゴリ	東洋的
客観的	思想	主観的
左脳（β波）	脳科学	右脳（α波、θ波）
顕在意識	心理学	潜在意識
外科・手術・薬	医学	気功・針灸・漢方
ユニバース	宇宙物理学	マルチバース
実数	数学	虚数
ビット	情報工学	量子ビット
粒 $E=mc^2$ 相対性理論 見える世界	物理学	波 $E=h\nu$ 量子力学 見えない世界
占星術	占術	易占・九星気学
色	仏教	空
形	陰陽学	氣
陽	易経	陰
二元論（白か黒か）	哲学	多元論（曖昧）
一神教	宗教	多神教

でいる人も多く、最も哲学的で論理的な教え＝思想が「仏教」なのです。
つまり、量子力学と仏教はつながっている、ということです。

そして、仏教を学ぶうちにお釈迦さまが説かれたさまざまなことを知り、私はある仮説に至りました。

それは「この世界はもしかしたらゲーム世界かもしれない」ということです。

仏教の根本教理に「色即是空《しきそくぜくう》、空即是色《くうそくぜしき》」という空の思想というものがあり、意味は「物質的なものは実体を持たず、実体を持たないままでも物質的なものは存在する」というものです。つまり、すべての形あるものや物質的なものは、その本質において実体がなく、空であるという世界観です。

詳しくは本書でお伝えしますが、私はここから「現実はゲームの世界のような作りものであって、それを本物だと思い込んでいるから苦しいのだ」と解釈しました。ゲームだと考えれば人生は楽になりますし、ゲームなのであれば攻略法もまた存在することになります。

本書ではその内容についてお伝えしていきます。

PDCAサイクルからOODAループの時代になった

本書の冒頭で運を「不運」「幸運」「強運」の3つに分けました。
それぞれは次のような意味を持っています。

- **不運……思いもよらない悪いことを引き寄せる**
- **幸運……思った通りの良いことを引き寄せる**
- **強運……思いもよらない良いことを引き寄せる**

過去には多くの「運を良くする系」「開運系」の書籍が出版されています。

それらの書籍では「運を良くして思い通りの人生を実現する（引き寄せる）」ということをテーマとして考え方や方法論が語られてきました。私自身も過去の書籍で同じような内容に言及してきました。

ただし、それは「ＰＤＣＡサイクル」の世界観での話です。

計画し（Plan）、実行し（Do）、検証し（Check）、行動する（Action）で軌道修正と実行を繰り返していくことで、自分の思い通りの人生を実現する（引き寄せる）という考え方でした。

ですが、今の時代はそこからさらに進化しています。

現在のビジネスシーンで提唱されているのは「ＯＯＤＡ《ウーダ》ループ」と呼ばれる考え方です。ＯＯＤＡループは海外の戦闘機パイロットの思考法をヒントに作られたものです。

観察（Observe）
↓
方向づけ（Orient）
↓
決断（Decide）
↓
行動（Action）

戦闘機パイロットの世界でも、ＰＤＣＡで事前に計画を立てるとは思いますが、すべてが計画通りに行くとは限りませんし、その際に検証をしている時間的余裕はありません。

戦闘機が飛んでいるといきなり鳥が飛んできたり、嵐が来たりすることもあります。そのような事態が発生した瞬間にパイロットは状況を観察し、どう対処するかの方向づけを行わなければいけません。そして、数ある選択肢の中からベストと思われるものを選択し、即座に決断して行動します。行動後は起きた事象に対してまた観察を行います。

運も同じで「思い通り」なのはあくまでも事前の計画通りになるＰＤＣＡサイクルの話です。

仮に計画通りに行かなかったり、良かれと思ってした行動が裏目に出たりするとイライラしたり、ヤキモキしたり、人によっては落ち込んでしまいます。

そうではなく、運にはその先の世界があるのです。

それが「思いもよらない良いことを引き寄せる強運の世界」です。本書ではそれをお伝えし、あなたに目指してもらいたいと思っています。

「強運の方程式」はOODA時代の生きる手段になる

強運の世界では、計画通りに行かない状況でも落ち込んでいる暇はありません。むしろ、それをヒントとして察知し、あるいは事前のヒントから最良の道を進めていることを確認して行動していきます。

あなたも普段の生活で乗るつもりだった電車が人身事故で遅れていたら、バスかタクシーか別の路線かを瞬時に判断し、最良の手段で目的地へ向かうはずです。

そのOODAの瞬発力が強運の世界です。

人生は計画通りには行かないことのほうが多い世界です。

計画通りに行かない良くないこと（不運）、計画通りに行かない良いこと（強運）の両方があるとは思いますが、それでも計画通りに行くこと（幸運）よりも機会は多いでしょう。

だからこそ、OODAループで計画外の良いことを引き寄せるための行動を取るべきだと私は考えます。しかも、ゲームかもしれないこの世界で、楽しみながらです。それがこれからの世界での生き る手段です。

本書にはそのための方法論を詰め込みました。


第1章では「強運を引き寄せるための量子力学の基礎知識」について。

第2章では「不運→幸運→強運になるための考え方と方法論」について。

第3章では「仏教と量子力学で学ぶ、人生がゲーム世界であること」について。

第4章では「ゲーム世界を攻略していくための8つのルール」について。

巻末付録では「強運であり続けるための行動リスト」について。


本書でお伝えする内容は私が強運であり続けるために日々実践している考え方や方法論です。ぜひ学んで実践してみてください。

あなたが強運を引き寄せる一助になれば幸いです。

目次

第2章 常に強運でいるための「強運の方程式」

第3章 仏教と量子力学がつなぐ「ゲーム世界論」

巻末付録

ブックデザイン　鏧田昭彦＋坪井朋子
編集協力　廣田祥吾

第1章

強運を引き寄せるための「量子力学的」基礎知識

宇宙の95％は「目に見えないもの」でできている

本書では、強運を引き寄せるためのキーワードとして「宇宙」やそれに類する言葉が何度も登場します。

いきなり宇宙と言われると「強運と何の関係が？」と思われるかもしれません。ですが、量子力学的見地を学ぶことでこの疑問は自然と氷解されていくはずです。まずは量子力学が紐解く宇宙の法則を知り、強運への道筋を見出してみてください（ちなみに、これまでに私の書籍を読んだことがある方には、おさらいの要素が強くなりますので、本章は読み飛ばして進めてもらっても構いません）。

宇宙の誕生は今から約１３８億年前。ビッグバンによって誕生したと言われています。ビッグバン後の宇宙には水素やヘリウムなどのガスがあり、ビッグバンの数億年後にはガスの塊から宇宙最初の星が生まれました。

この星は太陽の40倍もの重さがある巨大な星だったそうで、数百万年後に超新星《スーパー》爆発《ノヴァ》を起こし、それによって星や銀河が誕生しました。

私たちが住む太陽系は今から約46億年前に誕生したと言われています。

ですが、宇宙に関してはまだまだ解明されていないことがたくさんあります。

その端的なものが宇宙の組成構造です。東京大学宇宙線研究所の研究データによれば、宇宙の組成割合は95％が「目に見えないもの」で組成され、「目に見える物質」はたったの5％しかないことがわかっています。

さらに目に見えないものは「物質」と「エネルギー」に分けられています。物質を「ダークマター」、エネルギーを「ダークエネルギー」と呼び、それぞれの割合はダークマターが27％、ダークエネルギーが68％だと言われています。

つまり、私たちが住む宇宙は次の3つ、

- **目に見える物質：5％**
- **ダークマター（目に見えない物質）：27％**

・ダークエネルギー（目に見えないエネルギー）：68%

で組成されているわけです。

ダークマターやダークエネルギーは光を当ててもまったく反射せず、地球からは観測できないので真っ暗です。現代の技術では光学的に観測できない正体不明のものなのです。

存在自体は確認できていますが、観測できないために「ダーク」という呼び方が当てられているのです。

［宇宙の組成割合（出典：東京大学宇宙線研究所 XMASS データ）］

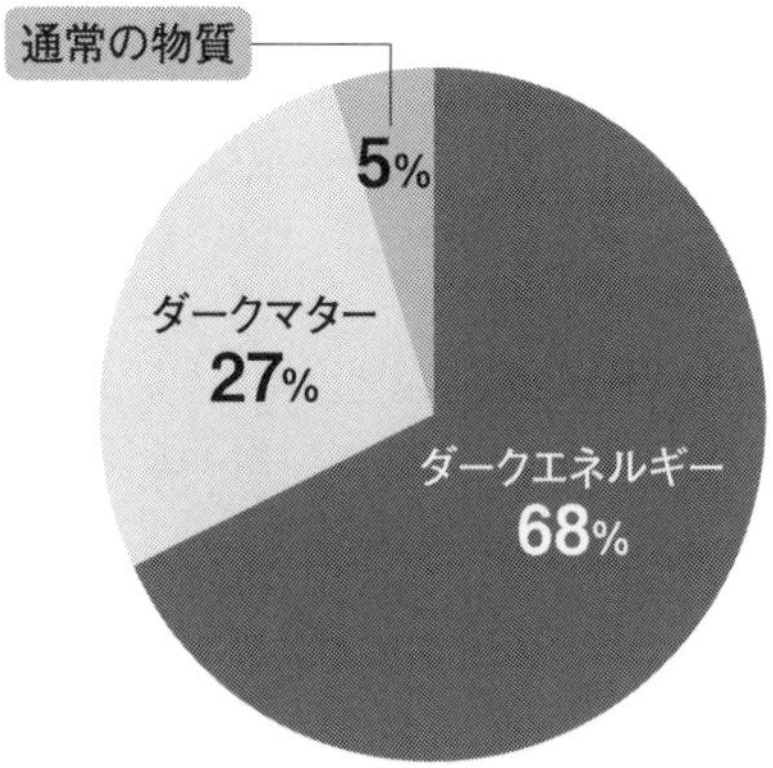

人間に影響を与える95％の「潜在意識（無意識）」

宇宙の構造が95％の「目に見えないもの」と5％の「目に見える物質」で分けられるとして、これとよく似た割合のものに「私たち人間の意識」があります。

それは「潜在意識」と「顕在意識」です。

スイスの心理学者カール・グスタフ・ユング（分析心理学＝ユング心理学の創始者）は、潜在意識と顕在意識の関係を次のように言っています。

《意識全体を大きな氷山に例えると、そのほとんどが海に沈んでいる潜在意識である。人間が自分で意識できる顕在意識は、海面から顔を出したほんの氷山の一角に過ぎない（意訳）》

また、ニューロマーケティング（人間の無意識から生じる行動原理を脳の活動から明らかにするマーケティング手法）の世界的権威であるA・K・プラディープ博士は、著書の『マーケターの知らない「95％」』にて次のように言っています。

《人間の脳の情報処理は、95％が潜在意識で処理されている》

そもそも、潜在意識と顕在意識は次のように定義されます。

- **潜在意識：自覚はないが言葉や行動に影響を与えている意識。「無意識」とも呼ばれる。**

［ 顕在意識と潜在意識 ］

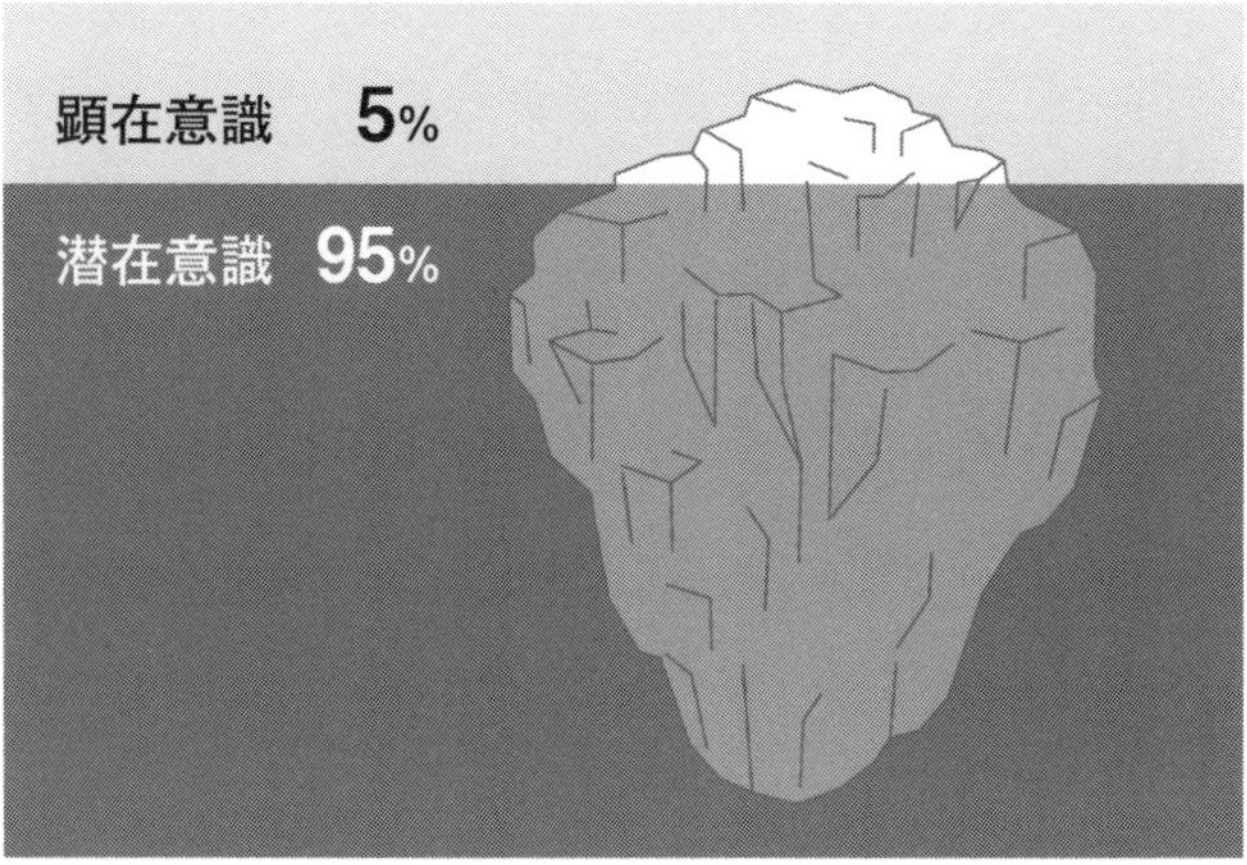

・顕在意識：物事を考えたり、何かを判断したり、望んだりするときの意識。私たちが常に自覚できているもの。

普段の私たち人間は意識が覚醒した（目が覚めた）状態で生活をします。

朝起きて、朝食をとって、支度をして出勤し、一定時間勤務した後《のち》に帰宅し、夕食の準備や就寝の準備をして次の日の朝を迎えます。

目覚めている十数時間の間、私たちはさまざまなことを思考し、選択し、決断しています。「今日のランチはどこで何を食べようか？」というレベルから「商談相手にどういう戦術を取れば契約を勝ち取れるか？」、経営者であれば「どのような戦略をもって今期、来期の売上を高めるか？」まで、レベルはさまざまですが意思決定を行っているわけです。

これらはすべて顕在意識で行われています。ですから、私たち人間にとって重要なのは顕在意識だと思ってしまいがちです。

ですが、本当に大事なのは潜在意識です。

潜在意識は私たちが認識していない「無意識」のレベルでの欲求や願望を表しています。そして私たちの思考や言動に大きな影響を与えてきます。

つまり「人間が〝意識しているつもりで〟発している言動は、実は潜在意識の影響下にある」ということです。

さらに、瞬きをすることや心臓をポンプのように動かすこと、自律神経による反応のような私たちの生命活動に関わる部分でも無意識が働いています。

言い換えれば、私たちは無意識＝潜在意識によって生かされているわけです。

「目に見えない95％」と「目に見える5％」は、人間に置き換えれば「自覚できない95％」と「自覚できる5％」になります。

人間が生きる上で大きな影響を受けているのが前者であるとするならば、私たちがどちらを大事にして生きるべきかは自明の理ではないでしょうか？

万物は「素粒子の組み合わせ」でできている

宇宙→人間と、マクロな世界から話を展開していますが、さらにミクロな世界を覗いてみましょう。

話は「素粒子《そりゅうし》」にまで進みます。素粒子とは「これ以上、分割することのできない究極の粒子」であり「物質の最小単位」のことを指します。

恐らく中学生の頃に授業で「原子《げんし》」というものを習ったと思います。

原子は物質を構成しているものであり、原子を細かく分解すると、中に「原子核」と「電子《でんし》」が存在します。電子は原子核の周りをグルグルと回っています。

そして原子核は、プラスの電荷を持つ「陽子《ようし》」と、電荷を持たない「中性子《ちゅうせいし》」から成り立っています（まとめて「核子《かくし》」と総称します）。

さらに陽子と中性子は「クォーク」と呼ばれる素粒子で構成されることがわかって

います。クォークの存在は１９６４年には予言されており、１９６９年にアメリカの加速器実験によってその存在の証拠が確認されました。

このクォークは現在までに合計17種類が発見されています。

この話をもう少し深掘りします。難しくなりますがついてきてくださいね。

17種類のクォークは性質と機能に則して２つのグループに分けられます。「物質粒子のフェルミオン」と「力の媒介粒子のボソン」です。フェルミオンは具体的な物質を構成しています。ボソンの役割は力の伝達です。

フェルミオンとボソン、２つの相互関係が宇宙全体の物理的秩序として成り立っていると考えられています。

フェルミオンはさらに素粒子グループである「クォーク」と「レプトン」に分けられます。

クォークは陽子や中性子などの比較的大きい粒子が分類されるのに対して、レプトンは電子などの比較的小さい粒子や、ニュートリノのような質量がほとんどゼロに近

［素粒子の標準模型］

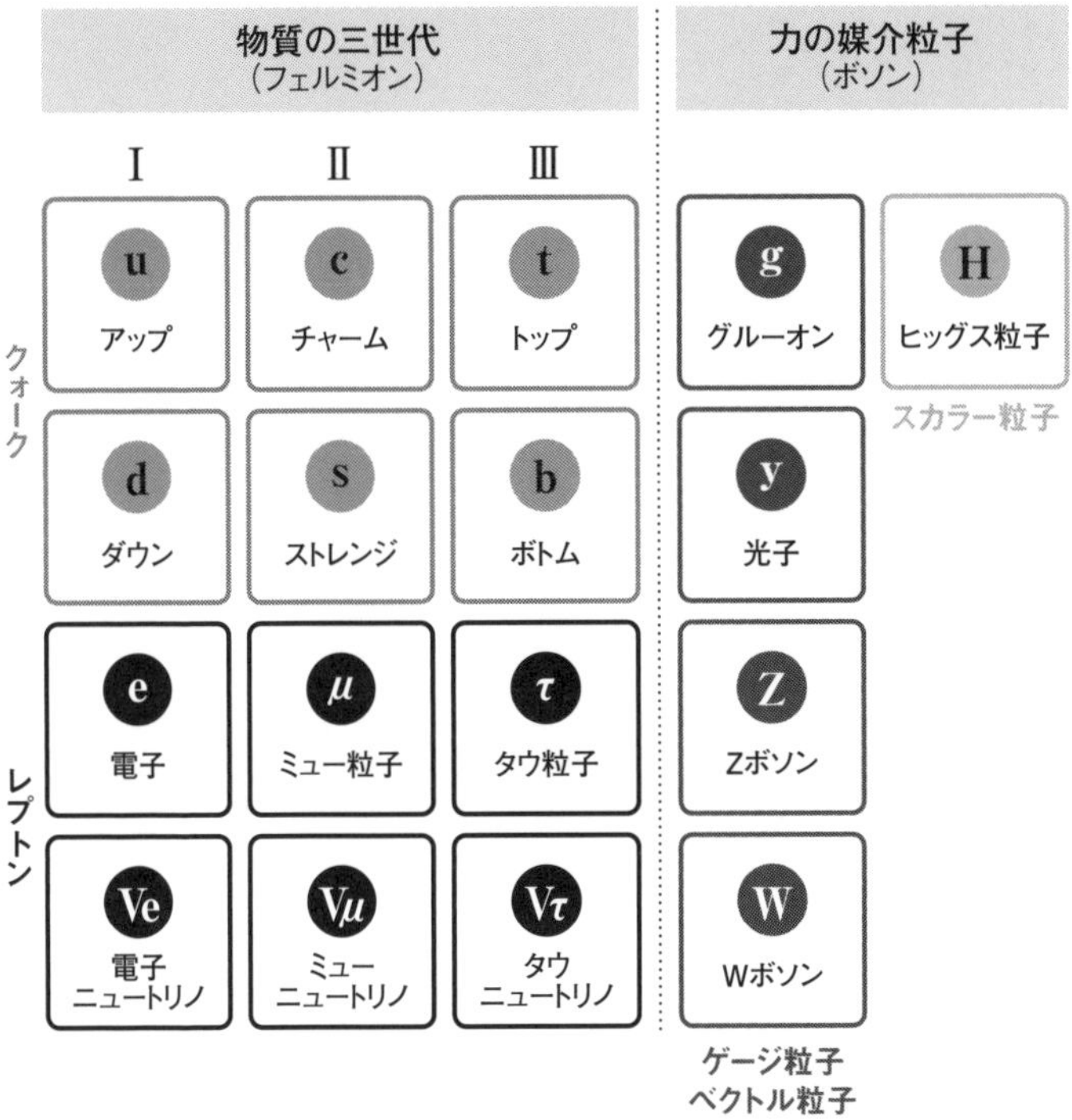
物質の三世代
(フェルミオン)
力の媒介粒子
(ボソン)
I
II
III
u
アップ
c
チャーム
t
トップ
g
グルーオン
H
ヒッグス粒子
スカラー粒子
クォーク
d
ダウン
s
ストレンジ
b
ボトム
γ
光子
e
電子
μ
ミュー粒子
τ
タウ粒子
Z
Zボソン
レプトン
Ve
電子
ニュートリノ
Vμ
ミュー
ニュートリノ
Vτ
タウ
ニュートリノ
W
Wボソン
ゲージ粒子
ベクトル粒子

い粒子が分類されます。

クォークとレプトン、この2つが組み合わされると原子核（陽子と中性子）ができあがります。つまり、クォークとレプトンが物質を構成していると言い換えられるわけです。


さらに、宇宙には次の4つの基本相互作用があります。

- **電磁気力（フォトン）**
- **重力（グラビトン）**
- **強い力（グルーオン）**
- **弱い力（ボソン）**

4つの基本相互作用によって、粒子がどう動くのかが決まります。

仮に宇宙を将棋盤、粒子を駒だとすると、4つの基本相互作用は将棋というゲームのルールのようなものだと考えてください。

話を戻しましょう。

物質を構成しているものが原子であり、その最小単位が素粒子である——というのは物質をどんどんミクロな視点で見ていったときの話です。それならば、逆にマクロに考え方を戻していくと「世の中にあるすべてのものは素粒子からできている」と言い換えることができます。

素粒子がどのように組み合わさったかの結果が私たち人間であり、私たちの身の回りにあるさまざまな物質や自然の存在です。

私が主として研究している物理学や量子力学は、このようなミクロな世界の自然法則を研究する学問なのです。

観測の有無によって素粒子が起こす2つの変わった現象

さて、小難しい話が続きましたので、ここで少しファンタジックな不思議な話をお伝えしましょう。

物質の最小単位とされている素粒子ですが、素粒子はなんと「波」と「粒」の両方の性質を併せ持っていると言われています。

このことは２００２年に「最も美しい実験」として選ばれたイギリスの物理学者トマス・ヤングの「二重スリット実験」によって証明されています。

実験の概要は次のようなものです。

光源とスクリーンの間に二重のスリットを設置します。

スリットの向こう側にはスクリーンが置かれ、反対側には光源＝光を発する装置を設置します。

二重のスリットを挟んで光源とスクリーンが相対するように置くことで、光＝光子《こうし》がどのように進んでスクリーン上に映し出されるかを確認しようという試みでした。

光子は17種類の素粒子（クォーク）の1つでしたね。

結果、スクリーンには白と黒の縞模様＝干渉縞が映し出されました。波はお互いに高め合うと明るくなり、弱め合うと暗くなるため「干渉」という現象が起こります。

このことから、ヤングはこの実験で「光の正体は波か粒か」を証明しようとして、「波」であることが確認できたわけです。

さらに時代が進んで20世紀に入ると、ヤングの二重スリット実験を光源ではなく「1つの電子」を射出する実験が可能になりました。電子も17種類の素粒子（クォーク）の1つでしたね。

この実験では電子銃から1つの電子を発射しました。すると二重のスリットを通過した電子は、光子のときと同じように干渉を起こし、スクリーン上に縞模様が映し出されました。

1つの電子であっても干渉波を作る不思議

[電子銃による二重スリット実験]

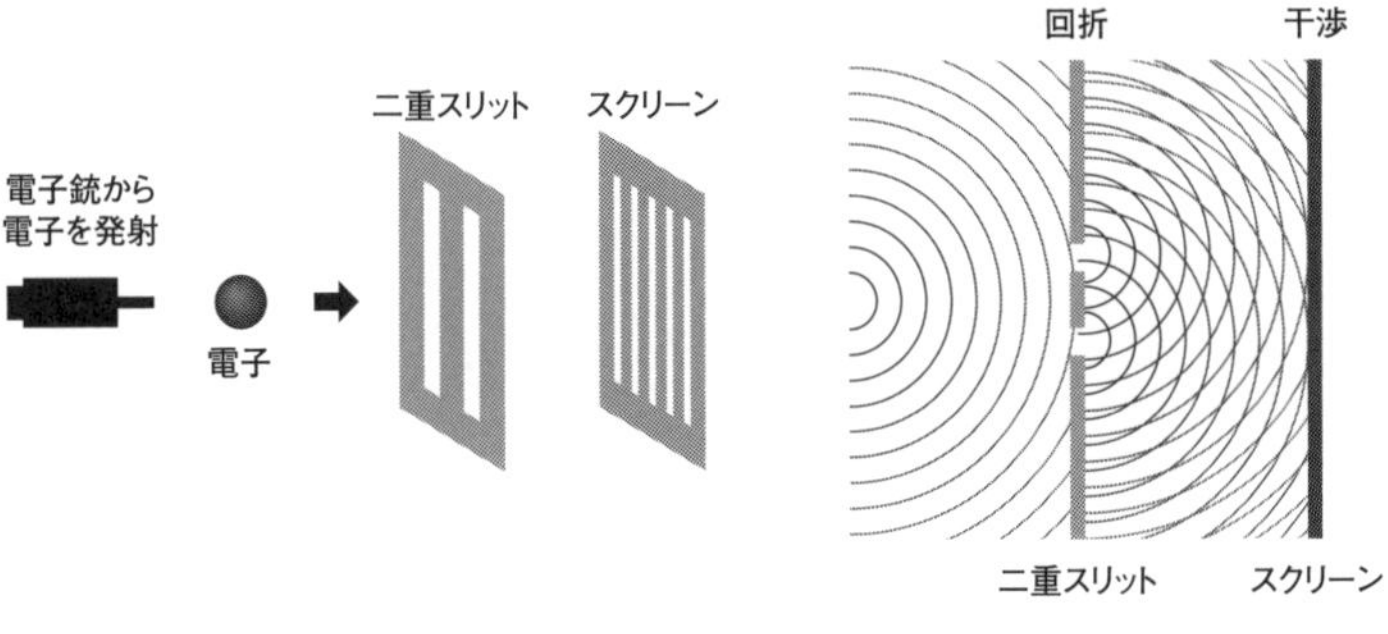

な現象が確認されたのです。

話はここで終わりません。

さらに不思議なことに、電子は「粒」のような振る舞いも見せたのです。

波の性質を持っていたはずの電子が粒の性質を併せ持つ――これは、実験の「観測の有無」によって起きた変化でした。

実験をする際に、観測装置を置いている状態では電子は粒のように振る舞い、二重スリットを通り抜けてスクリーン上に「2本の線」として投影されました。

この実験から、物理学において電子などの素粒子は「波の性質（波動性）と粒の性質（粒子性）を同時に持っている」という結論

［ 波と粒の観測問題 ］

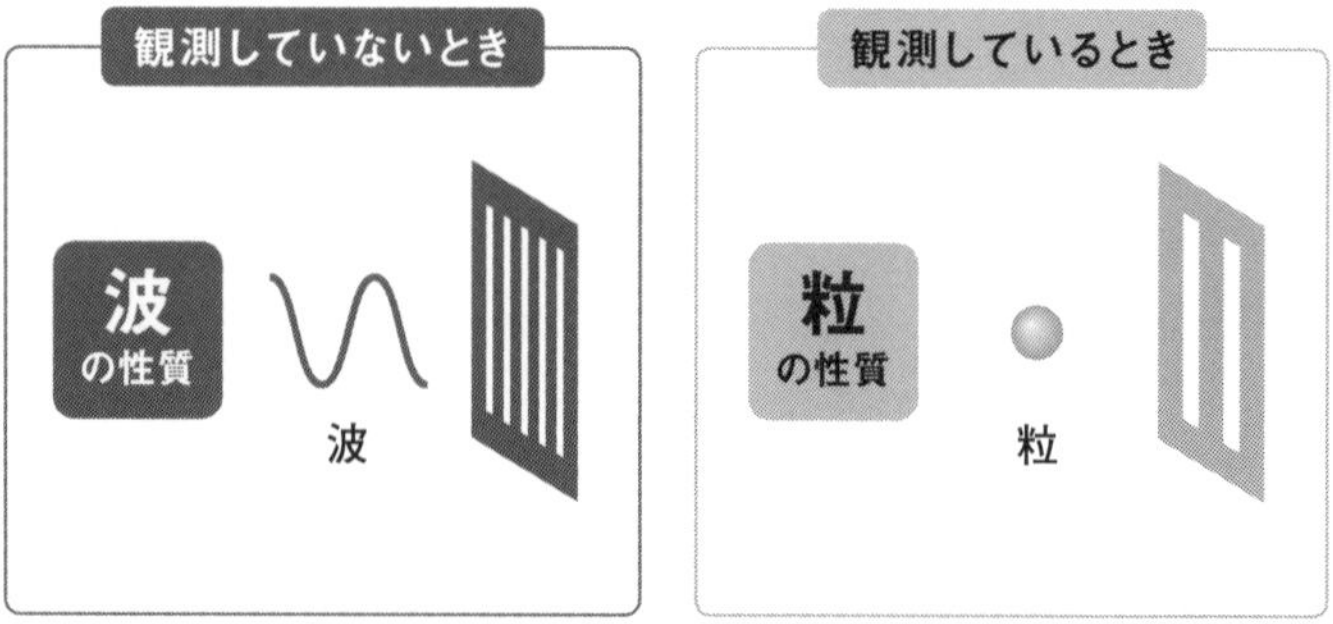

になっています。

そして、このような観測されているか否かによって素粒子の振る舞いに影響を与える現象を「観測問題」と呼んでいます。


いかがでしょうか？　不思議な話だと思いませんか？

観測されない状態の素粒子は「波の性質」を持ち、観測される状態の素粒子は「粒の性質」を持つ——もしかすると「観測する」という意識が素粒子に何かしらの影響を与えているのかもしれません。


また二重スリット実験は、一般にミクロの世界でしか起こりえない現象として考えられていましたが、マクロの世界でも確認されました。

1999年に「C_{60}」というサッカーボールのような形をした大きな分子（炭素）の実験でも波の性質と粒の性質があることが確認されましたし、2019年にもウィーン大学のアーミン・シャエギ博士らの研究チームによって「グラミシジン分子」の量《りょう》子《し》干渉が実証されています。

C_{60}は炭素が60個つながった分子ですし、グラミシジン分子は15個のアミノ酸で構成された分子です。あまりなじみがないかもしれませんが、要するにミクロ世界だけでなくマクロ世界でも同様の振る舞いが起きたと覚えておいてください。

このような観測の有無によって両方の性質のどちらかが出現する現象を、量子力学的には、

- **目に見える世界＝粒子性の世界**
- **目に見えない世界＝波動性の世界**

として考えることができます。

そしてこの考え方は、もう一歩踏み込んだ「エネルギー」の話にも、深く関わってくるのです。

目に見える世界は「E=mc²」で説明できる

そもそも量子力学の「量子」とは何でしょうか?

量子とは「粒と波の性質を併せ持った、とても小さな物質やエネルギーの単位」のことを意味します。量子力学では原子や原子を形づくっている素粒子を含めて「量子」と呼ぶのです。

量子の存在に初めて気づいたのはドイツの物理学者マックス・プランクでした。彼は1900年に溶鉱炉の電磁波の種類の研究をしていましたが、その際に電磁波のエネルギーはそれまで考えられていた「連続的に変化する」のではなく「飛び飛びに変化する」という結論に至りました。プランクは、電磁波はアナログではなく、デジタルの性質を持っていることに気づいたわけです。

このときの飛び飛びのエネルギーの最小単位を量子と呼びます。

電磁波の正体は光子です。光子は素粒子でしたね。

電磁波が量子＝エネルギーの最小単位であるということは、すべてのものは素粒子からできていることに鑑みると、量子力学では「すべてはエネルギーでできている」ということになります。

これを説明するために、少し遠回りをしましょう。

本章冒頭ではこの宇宙は5％の目に見えるものと95％の目に見えないもので構成されているとお伝えしました。ということは、同時に世界そのものも「目に見える世界」と「目に見えない世界」に分けることができます。

目に見える世界は「物質の世界」です。物質の世界は質量がある世界なので、アルベルト・アインシュタインの相対性理論で説明が可能です。

かの有名な〝あの式〟です。

$E=mc^2$

E＝エネルギー、m＝物質の質量、c＝光の速度を表しています。アインシュタインは特殊相対性理論からこの式を導き出しました。

この式はエネルギーがあるものは物質に変換でき、物質もまたエネルギーに変換できることを示しています。質量とエネルギーは等価交換できるお互いの一形態だということです。

目に見えない世界は「E＝hν」で説明できる

一方で目に見えない世界は、これまたアインシュタインが提唱した「光量子仮説《こうりょうし》」によって次のように導き出されました。

E＝hν

E＝エネルギー、h＝プランク定数、ν《ニュー》＝周波数を表しています。

hはプランク定数という物理定数ですから一定です。つまり「エネルギーは周波数に比例する」ということです。

周波数は「振動数」とも呼ばれ、1秒間あたりの波が振動する回数のことです。周波数（振動数）が高いほどエネルギーは高くなり、低いほどエネルギーが低くなります。

アインシュタインはプランクの式の研究をしているうちに「光にも最小単位があるのではないか」と考え「光子」と名づけました（光も電磁波の一種です）。そして、光量子仮説を提唱しました。

光量子仮説は光が粒子として振る舞うことを示す仮説です。

19世紀のヤングの二重スリット実験では、光は「波」の性質を持っていました。ですから、アインシュタインの仮説は従来の考え方への反論となりました。

光量子仮説では光の正体は光子という素粒子であり、光は「光子としての粒子性」を認めつつも「エネルギーを伝達する電磁波という波の性質＝波動性」の2つの性質を持っていることを示しています。

アインシュタインの光子が波の性質も持っているとする説は、約20年後の1926年に物理学者シュレーディンガーが「シュレーディンガーの方程式」によって波動関数「Ψ《プサイ》」を用いて数学的に導き出しました。

アインシュタインの光量子仮説は光電効果の解明に大きく貢献しました。

光電効果とは、物質に光を照射したときに電子が放出されたり、電流が流れたりする現象です。

光量子仮説によって光が粒子として振る舞うと仮定されたことで、電子を放出するための最小エネルギーとして光のエネルギーが作用することが示され、光電効果の解明につながったのです。

さらに、量子力学の発展にも光量子仮説は貢献しました。

光に波動性と粒子性の2つの性質があることが示されたことで、その他の素粒子にも2つの性質があることが示唆されたのです。

2つの式が導き出す「万物はエネルギーである」という考え方

目に見える物質のエネルギー量を計算できる「$E=mc^2$」。
目に見えないもののエネルギー量を計算できる「$E=h\nu$」。
この2つが導き出したのは「すべてのものはエネルギーに変換できる」ということです。

人間や動物、植物、機械などの物質も、電磁波や赤外線、紫外線、放射線のような目に見えないものも、この2つの式を使えばエネルギーに変換できます。

さらに観測問題によって素粒子は観測されるまでは波の性質を持ち、観測されると粒の性質を持つこともお伝えしました。

これらのことをあわせて考えると、

・目に見える世界＝粒子性の世界
・目に見えない世界＝波動性の世界

ということも言えると私は考えています。

50ページにある図をご覧いただくとわかると思いますが、目に見える世界と目に見えない世界は「粒と波」「肉体と心」「陽と陰」などのようにカテゴリ分けができます。

そして、目には見えないものも観測されることによって現実化されるのではないかと考えています。

次章からは「強運になる方法」をお伝えしていきますが、強運になって「思いもよらない良いこと」を引き寄せるためには、観測によって波の状態のものを粒化して引き寄せる（現実化する）ことが必要になってきます。

これを実践するためにも、基本的な宇宙のルールをここでインストールしてもらいたいと思います。

[見える世界と見えない世界]

見える世界 Visible	見えない世界 Invisible
粒	波
量	質
$E=mc^2$	$E=h\nu$
肉体	心
陽	陰
お金、家、服など	意識、感情、思考など
物質世界	精神世界
色《しき》	空《くう》
形	氣
この世	あの世

[願望が現実化する仕組み]

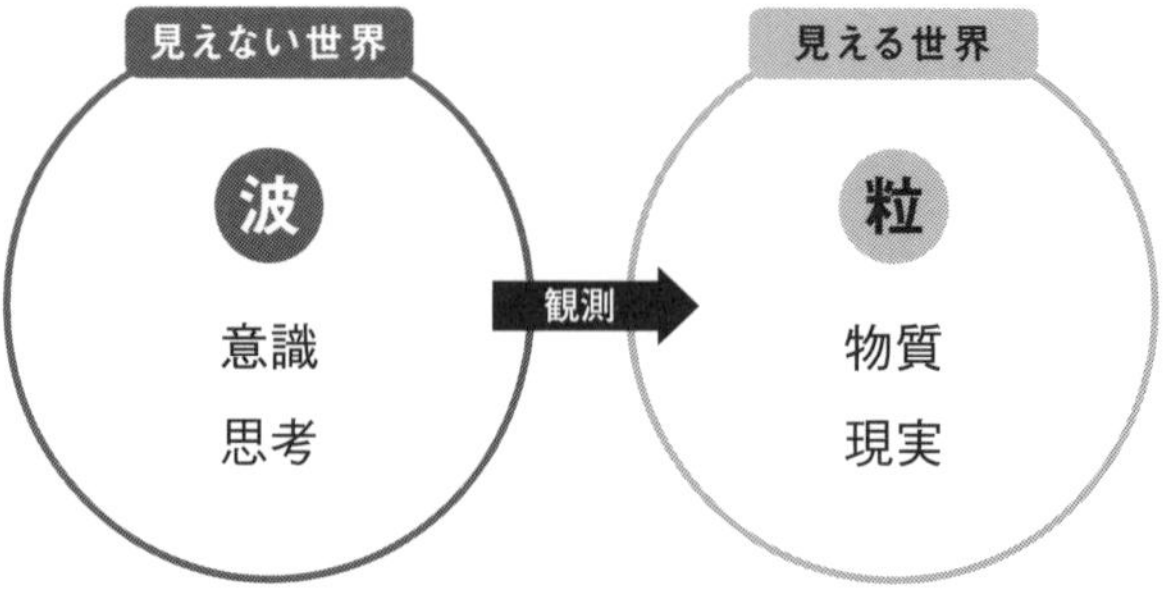

第2章

常に強運でいるための「強運の方程式」

「運」は3つに分けられ、常に流動している

雑誌『PRESIDENT《プレジデント》』2023年1月の新春特別号で、実業家の斎藤一人《ひとり》さんがこのようなことを書いておられました。

《運は大まかに「大運」と「小運」に分けられる。小運は日頃の行いや努力で得られるもの、大運は天が与えるもの》

記事の中には小運を得るための運勢を良くする方法や、大運を天から上手に受け取る（招き入れる）ための方法が書かれていました。

一方、私は、そもそも運は3つに分けられると考えています。「不運」「幸運」「強運」です。

3つの運の意味はそれぞれ次の通りです。

- 不運……思いもよらない悪いことを引き寄せる
- 幸運……思った通りの良いことを引き寄せる
- 強運……思いもよらない良いことを引き寄せる

この3つのうち、あなたはどれに当てはまるでしょうか？

恐らく、どれか1つにしか当てはまらないことはないと思います。「不運なときもあれば幸運なときもある」「基本的には幸運だけど、たまに不運になったり、強運になったりする」という感じだと思います。

その感覚は間違っていません。なぜなら、運はどれか1つに固定されているわけではなくて、良い日もあれば、悪い日もあるからです。

例えば、毎日同じ電車で出勤しているのに、その日に限って人身事故による遅延で遅刻してしまうことがあるでしょう。それは幸運が不運になっている状態です。

信号が青信号ばかりで予定時間よりも早く現地に着いてしまうこともあれば、逆に赤信号ばかりで最後はダッシュをしなければいけないこともあるでしょう。これは幸運が強運になったり不運になったりしている状態です。

このように運は変化するものです。

ということは、仮に今あなたが「どちらかというと7：2：1で不運寄りだ」と思っていたとしても、そのバランスを変えられるということです。

本書ではその方法論を日々の生活レベルで取り組めるようにお伝えしていきます。本を書いているからといって私だって常に強運なわけではありません。ですが「強運であり続けるための習慣」は常に行っています。

その考え方と方法論をお伝えしますので、一緒に強運になりましょう！

「現代の二刀流」は「ゴミ拾いの積み重ね」が作った？

前項の最後で「強運であり続けるための習慣を行っている」とお伝えしました。答えを言ってしまうと、運を上げるためのポイントは「陰徳を積む」ことです。私はこれを常に心がけ、習慣化しています。

「陰徳あれば陽報あり」ということわざをご存じでしょうか？　これは、人は見えないところで善行を積むことができれば、巡り巡って良いことが返ってくるという意味です。

陰徳とは「人に知らせず密かにする徳行」のことです。これと反対の言葉に「陽徳」があります。陽徳は「人にあらわにされて喜ばれる徳行」です。

2つの徳行のうち、どちらが大事かと言われるとどちらも大事ですが、より大事なのは陰徳です。なぜなら、表沙汰にすることなく陰でこっそり徳を積むことで、それを見ている神様から愛され、応援され、結果的に強運になっていくからです。

ここで1つ、事例を挙げましょう。

ロサンゼルス・ドジャース所属のメジャーリーガー、大谷翔平選手。投手と野手の実力を兼ね備えた「現代の二刀流」であり、2023年のWBCでも大活躍を見せ、サムライジャパンを世界一に導きました。

実力は折り紙つきですが、それ以外にも大谷選手は紳士的な対応や、ファンへの丁寧なサービスなど人柄の良さでも知られています。

そんな大谷選手のエピソードで注目したいのが「グラウンドのゴミ拾い」です。

グラウンドのゴミ拾いは、2015年にチーム（日本ハムファイターズ）の先輩だった稲葉篤紀《いなばあつのり》選手がベンチ前のゴミを拾った姿を見て感動し、その行動を真似て始めたそうです。


しかも興味深いのは、大谷選手はグラウンド以外でのゴミ拾いはすでに行っていて、これを高校生のときから続けていると思われることです。

大谷選手は花巻東高校1年生のときに、将来は「ドラフトで8球団から1位指名される」という目標を掲げ、そのために必要な行動を全81マスの曼陀羅チャートにして細分化しました。

大分類した項目の1つに「運」が入っており、運を上げる行動を8つに細分化したところには「ゴミ拾い」の項目が入っていました。

［大谷翔平選手の曼陀羅チャート］

体のケア	サプリメントをのむ	FSQ 90kg	インステップ改善	体幹強化	軸をぶらさない	角度をつける	上からボールをたたく	リストの強化
柔軟性	**体づくり**	RSQ 130kg	リリースポイントの安定	**コントロール**	不安をなくす	力まない	**キレ**	下半身主導
スタミナ	可動域	食事 夜7杯 朝3杯	下肢の強化	体を開かない	メンタルコントロールをする	ボールを前でリリース	回転数アップ	可動域
はっきりとした目標、目的をもつ	一喜一憂しない	頭は冷静に心は熱く	**体づくり**	**コントロール**	**キレ**	軸でまわる	下肢の強化	体重増加
ピンチに強い	**メンタル**	雰囲気に流されない	**メンタル**	**ドラ1 8球団**	**スピード160km/h**	体幹強化	**スピード160km/h**	肩周りの強化
波をつくらない	勝利への執念	仲間を思いやる心	**人間性**	**運**	**変化球**	可動域	ライナーキャッチボール	ピッチングを増やす
感性	愛される人間	計画性	あいさつ	ゴミ拾い	部屋そうじ	カウントボールを増やす	フォーク完成	スライダーのキレ
思いやり	**人間性**	感謝	道具を大切に使う	**運**	審判さんへの態度	遅く落差のあるカーブ	**変化球**	左打者への決め球
礼儀	信頼される人間	継続力	プラス思考	応援される人間になる	本を読む	ストレートと同じフォームで投げる	ストライクからボールに投げるコントロール	奥行きをイメージ

大谷選手のゴミ拾いは、陰徳の1つです。

もちろん、それが現在の成功の要因のすべてだと言うつもりはありませんが、肉体的・精神的トレーニングや生活習慣など、大谷選手が心がけていることの中に「運」があり、その行動に「ゴミ拾い」があったのはとても興味深いです。

恐らく、大谷選手は人知れず行う善行が運を上げることを知っていたのでしょうし、神様がそれを見ていたのだと思います。

陰徳はポイント制。菩薩行でポイントは貯まる

では具体的に陰徳はどうすれば積めるのか、ということになりますが、詳しくは巻末に行動リストを載せていますので参考にしてください。

一例として「誰も見ていないところでトイレ掃除をする」「誰も見ていないところで寄付をする」「誰も見ていないところで先祖のお墓を綺麗に磨く」などがありますが、これら以外にも「人に知らせず密かにする善行」であれば陰徳の範疇に入ります

ので、あなたが思いついた行動を追加してみるのもいいでしょう。

ただ、前提として覚えておいてもらいたいことがあります。

まず陰徳は「ポイント制である」ということです。良いことを1つ行えばポイントが加算され、逆のことをすれば下がります。

本章の冒頭で「運はどれか1つに固定されているわけではない」とお伝えした理由がこれです。ポイントを貯め続けていれば強運になっていきますし、サボったりポイントが下がることをしていればどんどん不運になっていきます。

もしもあなたが「最近、良くないことが続くな」と思っているとしたら、陰徳ポイントが下がっているか貯まっていない状態ですので、貯める行動をしていくことをおすすめします。

次に、陰徳は「菩薩行《ぼさつぎょう》である」ということです。

菩薩行とはそれ単体の言葉があるわけではありませんが、要するに「自分だけでなく、世の中のすべての人々を救う生き方や行動」だと考えてください。

伊藤忠商事の創業者（初代）、伊藤忠兵衛《いとうちゅうべえ》も「商売は菩薩の業《ぎょう》」を座右の銘として行動し、かの有名な「近江商人の三方よし」を実践しました。

「三方よし」とは、「売り手よし」「買い手よし」「世間よし」という商売をする上での考え方です。

『近江商人に学ぶ』には次のように書かれています。

《伊藤忠兵衛の座右の銘が「商売は菩薩の業、商売の道の尊さは、売り買い何《いず》れも益して、世の不足をうずめ、御仏の心にかなうもの」でした。商売は菩薩の仕事である。つまり仏さまに成り代わって、世間の過不足をうめていく行為を行うのが商人である。したがって仏様の御心にかなうものでなければならない、ということとなるのです》

私は2022年に弘法寺《こうぼうじ》にて小田全眞《おだぜんしん》管長のもとで得度を受け、高橋宏徳という法名を授かり、仏門に入りました。そして、そこで「菩薩行は抜苦与楽《ばっくよらく》である」という教えを受けました。

抜苦与楽とはお釈迦さまが説かれた7000余巻の一切経の目的を漢字4文字で表

した仏語で、仏教の目的でもあります。
抜苦は「苦しみを抜くこと」で、与楽は「楽しみを与えること」です。

例えば私は経営者向けにエグゼクティブコーチとしてコーチングを行っていますが、これは相手の話を聞いて悩みを紐解き、苦しみを取り除く行為で「抜苦」です。また、コーチングでは、悩みを聞くだけでなく、相手の願望や夢を実現するために、やりたいことを明確化して具体的な行動にまで落とし込み、経営者が実現したいビジョンや目標が達成できるようにサポートするのですが、これは「与楽」に当たる行為となります。カウンセラーやコーチ、コンサルタントのお仕事は、まさに「抜苦与楽」を行っていると言えるでしょう。

他にもゴミを拾ったり、エスカレーターでベビーカーを押す人を助けたり、電車で席を譲ったりする行為は、相手を楽にするので「与楽」です。

また、日本語には「働く」という言葉があります。これは仏教では「傍《はた》を楽《らく》にする＝はたらく」として現代まで伝わっています。

これら抜苦与楽の行為は菩薩行であり、陰徳ポイントを貯める行動です。他人を蹴落とす競争社会とは真逆の世界観であり、本当に徳のある人はどうやったら他者が楽になるかを常に考えて行動したり、働いているから成功できるのです。

神様に応援される生き方をするか？悪魔にとり憑かれた人生を送るか？

菩薩行によって神様から愛される・応援される生き方をしている人がいる一方で、悪魔や悪霊にとり憑かれたような人生を送っている人もいます。

他者を蹴落として上に立ち、傲慢になったり、天狗になったり、上から目線だったり、他人を駒としてしか見ないようだったり、果ては驕り高ぶって「自分は神だ」とまで考えるような人たちです。

仏教では、このような人には「魔羅《まら》が憑いている」と言います。

魔羅（マーラとも呼ぶ）とは仏道修行の障害になるものであり、お釈迦さまが悟りを開く禅定《ぜんじょう》に入ったときに瞑想を妨げるために現れたとされる悪魔です。煩悩の化身でもあります。

この世界には、魔羅にとり憑かれている人が少なくありません。

そのような人は仮に一時的に成功できたとしても長くは続きません。良かれと思って行動していても、思わぬ不幸が訪れます。急な病気になったり、詐欺に遭ったり、仲間から裏切られたり（社員に横領されたり）します。

普段はとても穏やかで優しい人が、突然怒鳴ったり暴言を吐いたりする場合は、悪魔にとり憑かれている可能性があります。

あえて名前は挙げませんが、有名な成功者の中にも魔が差して傷害事件を起こしたり、不倫などのスキャンダルで転落してそのまま表舞台から消えてしまったり、人生の中でそのような時期があった人が思い浮かぶでしょう。

そういう人は魔羅にとり憑かれている（いた）のです。

神と悪魔について、悪魔にとり憑かれて堕落することについて考えるとき、私は興味深いシンクロニシティを思い出します。

例えば、大ヒット漫画『ＯＮＥ《ワン》 ＰＩＥＣＥ《ピース》』の空島編にはエネルという敵が登場します。エネルはとてつもなく強く主人公のルフィ以外は触れることさえできないのですが、口癖が「我は神なり」で、その正体はカミナリ人間です。「我は神なり」が「我はカミナリ」にかかっているわけです。しかも、エネルがカミナリ人間になった理由は悪魔の実（ゴロゴロの実）を食べたからです。

他にも、旧約聖書の「創世記」ではアダムとイヴの失楽園（楽園追放）が描かれます。アダムとイヴは蛇に唆《そそのか》され、神様の禁を破って知恵の実を食べ、エデンの園を追放されますが、この蛇の正体は「サタン」です。サタンはユダヤ教・キリスト教において、人間を神の道から逸らせようとする悪魔と同一視されています。

神様に応援される生き方か、悪魔にとり憑かれた人生か、あなたはどちらを選びますか？

神様から愛される生き方は、人の苦しみを取り除き、喜びを与える菩薩行や善行を日々実践することです。悪魔にとり憑かれる生き方は相手を傷つけ、自分自身をも苦しめる悪行を行うことです。仏教で説かれている悪行、十悪についてご紹介します。

①殺生《せっしょう》…無意味に他人や衆生、生き物の命を奪うこと
②偸盗《ちゅうとう》…人のものを盗むこと
③邪淫《じゃいん》…淫らな異性交遊を行うこと
④妄語《もうご》…嘘をつくこと
⑤綺語《きご》…綺麗ごとを言ってごまかすこと
⑥両舌《りょうぜつ》…二枚舌を使うこと
⑦悪口《あっく》…他人の悪口を言うこと
⑧貪欲《とんよく》…欲深く、むさぼること
⑨瞋恚《しんい》…すぐ怒り、嫌うこと
⑩愚痴《ぐち》…恨んだり、妬んだりすること

これらの十悪の行いを実践すると、陰徳ポイントが下がり、不運な出来事ばかり引き寄せやすくなりますから気をつけてくださいね。

神様や天に愛されている人の特徴は、

・いつもニコニコ笑顔があふれている
・あいさつが丁寧
・美しい洋服や着物を着ている
・誠実で丁寧に生きている
・よく笑う
・遅刻は絶対にしない
・約束は必ず守る
・早寝早起きで生活習慣が整っている
・部屋に物が少なく、整理整頓されている
・トイレ掃除を欠かさない
・気遣いや心配りができる
・思いやりがあって優しい

一方で、悪魔に好まれる人の特徴は、

・いつもイライラしている

・あいさつをしないで無視する
・汚れた服や乱れた服を好む
・不誠実で雑に生きている
・よく怒る
・よく遅刻する
・よく約束を破ったり、キャンセルしたりする
・夜行性で夜更かしする
・暴飲暴食で酒癖が悪い
・部屋の掃除をしないでいつも汚い
・トイレ掃除をしない
・気遣いや心配りができない
・人を見下し、傲慢である

この世界はパラレルワールドになっていますので、あなたが「神様から愛される生き方」と「悪魔から好まれる生き方」のどちらを選択するか――それが分岐点になっ

て、その先の人生が創られていくのです。

「不運な人」が不運から抜け出すシンプルな方法

さて、本章の冒頭から少し遠回りをしましたが、ここで具体的に「不運」「幸運」「強運」について深掘りしておきましょう。

3つのそれぞれの概要は次の通りでした。

- **不運……思いもよらない悪いことを引き寄せる**
- **幸運……思った通りの良いことを引き寄せる**
- **強運……思いもよらない良いことを引き寄せる**

陰徳を積み重ねる（陰徳ポイントを貯める）ことで不運だった人が幸運に、幸運な人が強運になっていけるわけですが、具体的にどんなことをすればいいのでしょうか？

不運な人は「一日一善」から始めよう

まず、自分が不運だと感じている人に行動してもらいたいのは「一日一善」です。ゴミを拾う、席を譲る、エレベーターのドアを開けておいてあげる、コンビニの商品を正面に向ける……など、小さなことで構いませんので何か1つ、密かな善行から始めましょう。

他にも、他人が嫌がることをあえて自分がするのもおすすめです。「働く＝傍を楽にする」なので、そのような行為でも陰徳ポイントは貯まるのです。

かなり極端な例ですが、先日、私が用事で東京の目黒にいたときのことです。公衆トイレに入ったら便器とその周りの床が糞尿でものすごく汚い状態になっていました。

普段だったらすぐにでもその場を離れて他のトイレの個室に入りたいところでしたが、そのときに私がしたのはトイレ掃除でした。トイレットペーパーと洗面所の液体石鹸を使い、30分かけてピカピカにしたのです。

もちろん、私には他の個室に移る選択肢もありました。ですが、それでは他の人が同じような目に遭います。それに、もしかしたら私が汚したと思われるかもしれません（笑）。

結局、トイレ掃除をしたのですが、このような陰徳はポイントが大きく貯まります。同時に、清掃をしてくれる方々の苦労と大変さもよくわかり、彼らを神様のように尊敬できるようにもなりました。この出来事以来、トイレの清掃員を見かけたら、「いつも清掃ありがとうございます」とあいさつするようにしています。このようなあいさつも徳を積むことになりますので、ぜひやってみてください。

なぜ不運な人は不幸を呼び寄せるのか？

「不運な人は一日一善から」ですが、そもそも不運な人には「自分の不運に気がつかない」という特徴もあるので注意が必要です。

横断歩道を青信号で渡ったのに事故に遭う、正しいことをしたのに裏目に出て嫌なことになる、大事な約束があるときに限って足を引っ張られて遅刻する、といったことは、不運な人にはよく起こりがちです。


ですが、実はそれらの背後には神様からのメッセージがあらかじめ伝えられていたりします。

例えば先日、私は友人の誘いを受けて会食に行こうとしていました。ただ、私としてはあまり乗り気ではなく「できれば欠席したい。でも約束したからできない」と思っていました。

仕事が終わり、六本木から東京メトロ（地下鉄）に乗って移動しようとホームまで行きました。すると、人身事故の影響で電車が大幅に遅れていました。

別のルートで行けないかとスマートフォンを取り出し、経路検索をしようとしたところ、ふと目の前の男性のTシャツが目に入りました。そこには大きく「×××」という柄が入っていました（そういうデザインのTシャツでした）。

私は「これは『行くな』という神様からのメッセージだ」と受け取りました。

ただ、今からキャンセルするのはさすがに申し訳なかったので会食には参加しました。ですが、あまり楽しめませんでしたし、良い縁を感じる人と出会うことはできませんでした。


詳しくは後述しますが、神様はあなたに何かしらのメッセージを常に送っています。ですが、不運な人はそのメッセージを上手に受け取れません。

悪いことを引き寄せてしまう不運な人は、実はその前に神様からメッセージが送られているにもかかわらず、それに気づかずに不幸な目に遭って「何て自分は不運なんだ」と思ってしまうわけです。

さらに、その原因を自分ではなく他人や社会や国のせいにしたりします。結果、同じような負の波動を持った人を引き寄せ、ドツボにハマっていくのです。

最悪の場合は変な薬に手を出したり、人を傷つけるようなことをしたり、犯罪に走ったりしてしまいます。しかも陰徳ポイントの貯め方もわからないので抜け出せないのです。

最悪な事態になる前に、不運だと思っている人、思わぬ嫌なことが起こる人は、思い通りに行かない理由をまず「自分にあるのではないか」と考えるところから始めてみてください。

これは弘法大師こと空海も「水外に波なし、心内すなわち境《きょう》なり（水を離れて波が存在しえないように、私たちの心の中にこそ全世界が存在する）」という言葉で伝えてくれています。波＝問題は、私たちの心の中にあるのです。

陰徳ポイントの概念を知り、小さいことからでいいので始めてみてください。すると不運から抜け出せるようになっていきます。

「幸運な人」が幸運を維持するための3つの手段

次は「幸運な人」です。

そもそも幸運な人は「思い通りに物事が進む人」です。

13時にアポを入れたら何のトラブルもなく5分前にちゃんと現地に着ける、駅の階段を上ったらちょうどいいタイミングで乗る予定だった電車が来て乗れる、コーヒーが飲みたいと思ったときに近くの人気店の席がたまたま空いていて座れる……まさに〝思考が現実化〟して予定したことがスムーズに進みます。

このように書くと、幸運が決して特別なものではないことがわかると思います。

もちろん、思い通りになる事柄には大小があります。電車は間に合っても商談で絶対に契約が取れるとは限りませんし、人気店には座れても店内で一目惚れした相手の連絡先を必ずしもゲットできるとは限りません。

ですが、誰しもがまずはこの段階には行きたいはずです。仮に今のあなたが幸運な状態であったとしても、それを維持し続けたいと思うはずです。

「掃除」「整理」「整頓」で空間の波動を良くする

幸運のステージに上がる、もしくは幸運の状態を維持するためには「掃除」「整理」「整頓」の3つを行うことです。それぞれの定義をお伝えしましょう。

・掃除……汚れを落とすこと
・整理……いるものといらないものを分けること
・整頓……いるものの置き場所を決めること

この3つを行うことで「空間の波動」が良くなり、心地良い周波数を出せるようになります。E = hν のところでもお伝えしましたが、波動が高いほどエネルギーも高くなります。

空間が汚く乱れているときは、あなたの心も乱れているときです。

例えば、

・探し物が見つからなくてイライラする
・頭の中がごちゃごちゃして何をしたら良いかわからない
・時間に追われていつも遅刻する

このような心の状態のときは、部屋の掃除・整理・整頓ができていないのではないでしょうか？

心の状態は、空間の状態に投影されています。そして、心が乱れていると、物事が思うように進まず、不運、つまり、思いもよらない嫌なことばかり引き寄せてしまうのです。

弘法大師、空海の教えの中にも次のようなものがあります。

《それ境は心に随って変ず。
心垢《けが》るるときはすなわち境濁る。
心は境を逐って移る。
境閑なるときはすなわち心朗らかなり。
心境冥会にして道徳玄に存す》（弘法大師『性霊集』巻第二）

つまり、環境というものは、心の状態によって変わってきます。心が濁り、暗い気持ちのときには、周りの何を見ても楽しくも面白くもない。いや、人が笑っていたら腹が立ってくるというものです。

一方心というものは、環境の影響を受けて変化していきます。静かな落ち着いた環境にいれば自然と心も穏やかに落ち着いてくるものです。

したがって心と環境とは両方がお互いに影響し合っているもので、そこに人の正しく生きる道の奥義があると弘法大師、空海は教えてくださっています。

私も1年くらい体調が悪いときがありました。何をやってもうまくいかず、まさに不運な状態でした。そんなとき、ふと歯医者に行って歯のクリーニングをしてもらおうと思い、歯石を掃除して親知らずを抜いてもらったところ、体が軽くなった感じがしました。そして、部屋に帰ると、トイレが汚かったので掃除をしました。

このような話を聞いたことはないでしょうか？

「トイレには神様がいる」

「トイレ掃除を毎日すると運が上がる」

初めてこれらの教えを聞いたときは、ピンと来なくて「トイレ掃除なんて週に3回くらいやればいいのでは？」とか「汚れたときにだけトイレ掃除をすればいいのでは？」と半信半疑でした。しかし、歯石を取って体調が少し良くなった体験から、「歯磨きは毎日するのに、なぜ、同じ白いトイレは毎日掃除しないのだろうか？」と疑問を持ち、毎日トイレ掃除をする習慣を生活に取り入れたのです。

すると、だんだんと体調が良くなり、トイレだけでなく、部屋中を掃除するようになりました。掃除をすると不思議なことに心が軽くなり、思考がクリアになって物事がうまくいくようになったのです。

空間を良くすることは、私が「時空間管理術」と呼んでいる時間と空間の管理にもつながってきます。

私たちが生きる世界は時間だけでなく空間も存在します。つまり宇宙は「時間軸」と「空間軸」で成り立っているわけです。

さらに私たちは人間と関わりを持って生活しています。ですから時間・空間・人間関係の3つを管理する必要があります。

時間・空間・人間関係には共通する漢字があります。それは「間《ま》」です。

間の使い方が上手な人を私は「間法使い《まほうつかい》」と呼んでいます。間法使いは時間・空間・人間関係をうまくコントロールするので、人生がうまくいくのです。

掃除・整理・整頓は空間をコントロールするための方法論です。幸運のステージに上がり、幸運の状態を維持するためにも、あなたの家や職場を定期的に掃除・整理・整頓して良い波動を出せる状態にしておきましょう。

断捨離は3カ月を目処に感謝の心で行う

戦後日本におけるヨーガの草分け的指導者・沖正弘《おきまさひろ》氏が提唱したヨーガの思想に「断捨離《だんしゃり》」があります。不要なものを減らして生活に調和をもたらそうとする考え方です。

掃除・整理・整頓はこれにつながります。

まず、汚れているところを綺麗にして、部屋の中にあるいるものといらないものを区別していきます。私が考える区別するときのポイントは「3カ月、使っているかど

同じです。

本であれば「3カ月の間で読んだかどうか」、シャツであれば「3カ月の間で着たかどうか」で判断すればいいでしょう。ＣＤやＤＶＤやゲームソフトなどでも基準はうか」です。

もちろん、中にはバイブルになっていて定期的に（年1回とか）読むものや、思い出の品としてずっと取っておきたいものがあるでしょう。

季節のものも存在します。衣類であれば夏にコートは着ませんし、石油ストーブは12月～3月くらいまでしか使わないでしょう。そのようなものはシーズンの単位で常識の範囲で考えてください。

また、自分がそれを持っていることで「心地良い」と感じるものは置いておいても大丈夫です。

ポイントは「違和感を覚えるかどうか」です。

例えば、中学生になったのにランドセルは違和感がありますよね。いつまでもチャイルドシートやベビーカーを置いておいても、誰も使いませんよね。

あなたが成長することによって、周囲のものに違和感を覚えるようになりますので、そうなったら卒業する機会だと考えてください。

捨てる際には「今までありがとうございました」と感謝の言葉を言って処分するようにしましょう。

捨てるのが忍びないのであれば、メルカリなどのオンラインショッピングサイトに出品したり、近所の人にプレゼントしたり、本などであれば図書館に寄付するのでも良いと思います。そのような形で「もったいない」の精神を大切にする行動は素晴らしいです。

他にも、掃除・整理・整頓を行うきっかけとして引っ越しもおすすめです。引っ越しをすると否が応でも掃除・整理・整頓を行わなければいけなくなるからです。

もしも不運を感じていて、さらに引っ越したいと思っているなら、思い切って引っ越すのも方法の1つなのです。

「強運な人」が知っている「強運の方程式」とは？

最後は「強運な人」です。強運な人は思い通りに物事が進むことに加えて「思いもよらない良いこと」を引き寄せます。TVゲームの『スーパーマリオ』シリーズで言えばスターを取ったときのような無敵状態です。何をやってもうまくいきます。

心理学の世界では「フロー状態」と呼ばれる心理状態で、高い集中力、適度な緊張とリラックスが維持できているので、仕事のパフォーマンスも上がり、結果も早くやってきます。さらに、これが高い極限の状態になるとスポーツの世界では「ゾーン状態」に一時的になることができます。

「フロー状態」とは、シカゴ大学のチクセントミハイ教授が提唱して有名になりましたが、これらの精神状態は、約2500年前に仏教においてお釈迦さまが悟られる過程で得られた「無我の境地」と同じような状態だと言われています。

私もこれまで何度もゾーンやフロー状態に入ったことがあります。ゾーンやフロー状態に入ると、五感が研ぎ澄まされ、超集中状態となり、高い幸福感を得ることができます。そして、ゾーンやフロー状態になると超人的なパワーを発揮し、強運体質となり、次々と良いことばかり引き寄せることができるのです。

ただし、この状態には制限時間があります。

制限時間は人によって異なりますが、たった1日で終わる人もいれば何カ月も続く人もいます。ちなみにマリオの無敵時間は約8秒です（笑）。

では、このような「ゾーン状態」「フロー状態」に入るにはどうしたらいいのでしょうか？　それは「道を究めること」です。例えば、武士道は、仏教、神道、儒教を融合した教えなのですが、武士道を究めるには、まさに仏教、神道、儒教の教えを実践し、これらの道を究めることになります。

仏教では仏の教えを「仏道《ぶつどう》」とも言いますが、仏道には終わりの区切りがなく、一生涯続くものだとされています。

同じように道という漢字が入る武道（剣道や柔道や合気道など）や華道や茶道など

にゴールがなく、生涯にわたって鍛錬や修行を続けていくように、強運もまた「強運道」として一生涯継続していくものなのです。

逆に強運になるための生き方を怠ってしまうことで強運の状態が終わってしまうことになるので要注意です。

強運の方程式は「インプット力×アウトプット力」

不運な人が一日一善で不運から抜け出し、掃除・整理・整頓で身も心も整えることで幸運になり、物事がトントン拍子で進むようになっていきます。

すると今度は、不運なときには気づかなかった神様からのメッセージがわかるようになっていきます。自分の身に起こることが神様からの何かしらのメッセージだと気づけるのです。

この辺りのことは先の内容を読まないとスッと入ってこないかもしれません。詳しくは後述しますので、まずはそういうルールになっているのだと漠然と覚えておいてください。

では強運の方程式ですが、強運な人はこれに基づいた人生を送っています。
具体的な方程式は次の通りです。

強運 ＝ 情報量（インプット力）× 行動量（アウトプット力）^{2}

この方程式、どこかで見たことがあると思ったかもしれません。
そうです。強運の方程式の根本には特殊相対性理論の「$E = mc^2$」があります。mは「物質の質量」でしたね。物質の質量が大きいほどエネルギーも比例して大きくなります。

さらに、強運の方程式は次のように細かく分解していくことができます。

- **情報量 ＝ 質問力 × 気づき力**
- **質問力 ＝ 傾聴力 ＋ 確認力**

・気づき力 ＝ 五感力 ＋ 直感力
・行動量 ＝ 実行力 ＋ 発信力

文章で書くとわかりにくいと思うので下に図を載せておきます。

[強運の方程式]

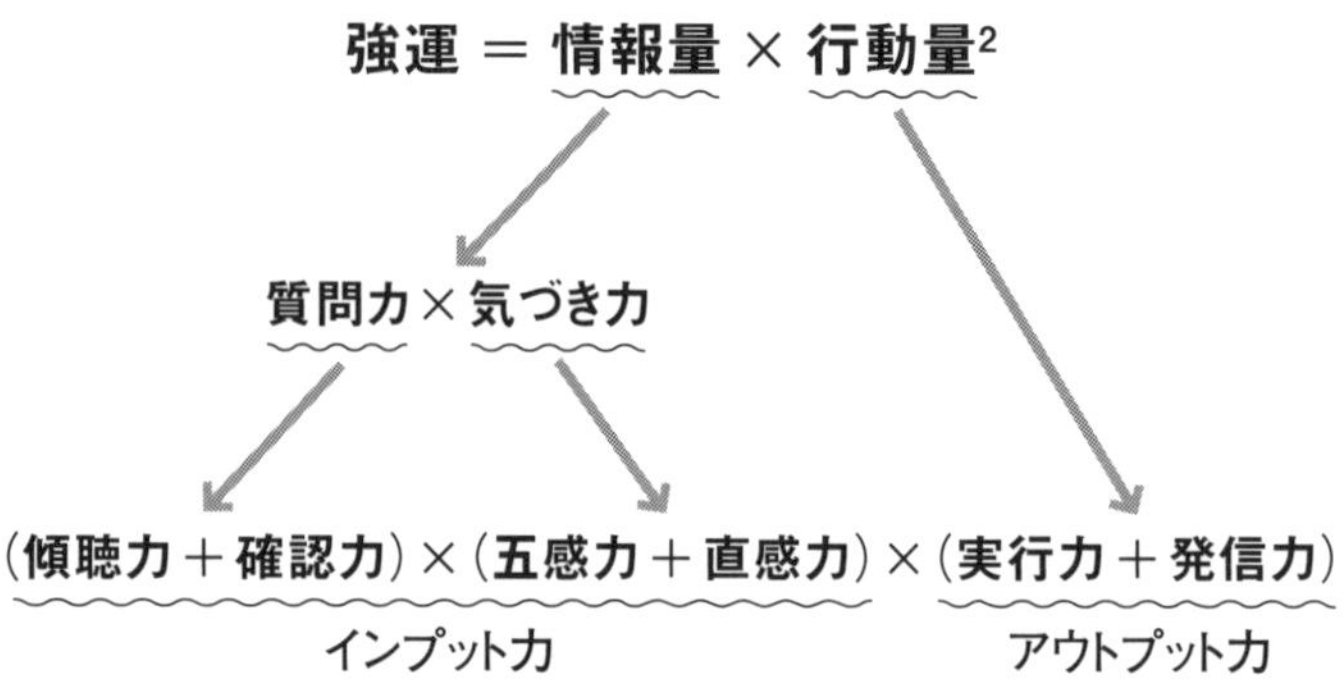

質問力を磨いて「神様のメッセージ」をインプットする

強運になるためには「強運になるための情報」が必要です。情報が多ければ多いほどその中から取捨選択ができて、たくさんの選択肢の中から成功への道を歩んでいけるわけです。

では、その情報量を増やすためにはどうすればいいのか?

それが「質問力×気づき力」です。

先述の通り、神様は何かしらのメッセージを私たちに送ってくれています。

ですが、受信する側がそれをわかっていなければ意味がありません。受信する側にとってわかっていないこと＝観測できていないことなので、それは「波」の状態と呼ぶことができます。

ただ、もしも神様がメッセージを送ってくれていることを認識して、質問力を持って質問して理解しようとすれば、それは意図的に粒化することができるわけです。そして、その情報を持っていればいるほど成功確率は上がっていくわけです。

では、質問力を養うにはどうすればいいかというと「傾聴力＋確認力」が必要になってきます。傾聴は文字通り相手の話に耳を傾けることです。

別章で解説しますが、傾聴を行うことである一定の偶然性がある情報が連続的に入ってくる「シンクロニシティ」が起こります。

さらに、傾聴力とともに確認力も必要です。

傾聴してたくさんの情報が入ってきたとしても必ずしもそれらが正しいとは限りませんし、人間ですから相手の言い間違いやこちらの聞き間違いが発生します。

だからこそ、入ってきた情報に対して「これは○○ということですか？」「○○という話も聞きますがどう違うんですか？」というような確認をしなければいけません。

強運は「成長サイクル」を加速させる

次に「気づき力」についてです。

人生は成長し続けることの繰り返しです。

成長の方程式は「インプット↓気づき↓アウトプット」のサイクルになっています。

これを私は「成長サイクル」と呼んでいます。このサイクルをいかに速く回していくかが成功するためのコツです。

宇宙は情報空間の世界なので、どれだけの情報を持っているかが大事になります。

情報とは、良い情報と悪い情報の両方です。たくさんの情報を持っているからこそ早く成長して、強運な人生を送ることができるのです。

ただし、そのためにはインプットした情報から気づきを得なければいけません。

そのための力が「気づき力」です。気づき力は質問力によってインプットした情報から何かに気づく力で「五感力＋直感力」に分解することができます。

五感とは視覚・聴覚・嗅覚・味覚・触覚の5つの感覚です。これが鈍い人は仮に傾聴しても、そこに神様のメッセージを見出すことができません。

逆に磨いていれば、例えば虫が飛んできてもそのヒントに気づくことができます。虫は数字に置き換えると「64《むし》」になりますよね。64は「8《はち》×8《はち》」で「パチパチ」になり、神様が賞賛してくれているメッセージになります。

このようなことに気づけるのです。

そして、五感を磨いていると直感力が鍛えられます。

直感力は言い換えるならば「第六感」と呼ばれるものです。第六感とは、勘やインスピレーションのような理屈では説明できないけれども、物事の本質を鋭くつかむ心の働きのことです。

質問力によって正しい情報をインプットしたあとに五感と直感を働かせることによって、正しい情報の中に秘められた神様からのメッセージに気づくことができるわけです。

「運」を「運ぶ」ために必要なアウトプット力

インプットし、気づきを得たとしても、実際に行動しなければ現実は変わりません。強運は「強＋運」であり、運は「運ぶ」と言い換えることができます。神様からのメッセージを得たら、最後はそれを行動によって「運ぶこと」をしなければいけません。ですから行動が必要なのです。

行動量は「実行力＋発信力」に分解することができます。実行力は文字通り実際に行動し、具現化することです。現実に、成功している人は行動力が半端ではありません。次から次へと何かを起こし、その結果として成功の階段を一歩ずつ上ったり、時にはジャンプアップしていきます。

ただし、行動すればするほど失敗する確率も上がります。逆に何もしなければ失敗もしませんが、その分、得るものもありません。

行動しないと成功しないが、行動したら失敗の可能性も上がる――このジレンマを解消するには正しい情報をもとに行動することです。そうすれば成功確率は当然ながら上がります。

発信力は、情報発信をして周囲に影響を与えていくことです。いわゆるインフルエンサー的なアウトプット手法です。

例えばスピーチをしたり、プレゼンテーションをしたり、ブログやSNSで記事を書いたり、YouTubeに動画を投稿したり……という発信方法があります。方法は何でも構いませんが、重要なのは「発信をすることによってさらなる情報があなたにもたらされる」ということです。

あなたが「私はこういうことをしています」「こういうことをしたいと思っています」ということを発信することで「私はこういう方法であなたを助けられます」「それなら、こういう手段がありますよ」という新しい情報が入ってくるのです。

まとめると、強運の方程式は85ページで「強運＝情報量×行動量^2」とお伝えしましたが、言い換えるなら「強運＝インプット力×アウトプット力^2」にもなります。

この方程式を〝知っているか／知らないか〟だけでも大きな差です。

知っていれば、今日この瞬間からあなたの周囲のものすべてに変化が起こり、あなたが起こす行動の質も変化するからです。

今まで何気なく行っていたこと、当たり前のように存在していたものすべてが、この方程式を意識することで変化していく感覚を感じてみてください。

人生のシナリオは「神様」によって決められていた！

ここまでお伝えしてきた不運・幸運・強運の習慣は、いったい何のために行うと思いますか？　単に不運を抜け出して幸運になるため、強運になって人生を良くするため、と考えるかもしれません。

その考え自体は間違っていません。ですが、62ページでもお伝えしたように神様から応援される生き方をしている人がいる一方で、悪魔や悪霊にとり憑かれたような人生を送っている人もいます。

できるのであれば、神様から応援される生き方をしたいと思うのは誰しも自然なことだと思います。


そのために一日一善や掃除・整理・整頓や神様からのメッセージを受け取る生き方をするわけですが、そもそもの考え方として私たちの人生のシナリオは、実は「神様によってあらかじめ決められている」というものがあります。

そのシナリオ通りに進めば物事はうまくいきますし、人生もスムーズになります。ですが、私たち人間がそれに気づかず、自分の思い通りにコントロールしようとするとうまくいかなくなってしまうのです。


1年前に仏門に入り、まだ僧侶としては新米の私ですが、最近あることを悟りました。それが「神様が人生のシナリオを決めている」ということです。

それを「宿命」と呼びます。宿命は平たく言えば「生まれる前から決まっている定め」のことです。ちなみに仏教では「しゅくめい」ではなく「しゅくみょう」と読みます。

一般的な例で言えば、スポーツのゴルフに例えるとわかりやすいかもしれません。「宿命」はゴルフコースにあたります。あらかじめ作られた18ホールはグリーンまでの距離やバンカーや池の位置が決まっていて、ゴルフ自体にもルールがあって、それを私たちが変えることはできません。

一方で「運命」は自分自身の行いによっていくらでも変えることができるものです。例えばゴルフの18ホールを今日はハーフで回るのか、フルで回るのかは自分で決められます。体調も良いときや悪いときがあります。トレーニングをすることでアンダーパーで回れたり、クラブを最新のものに買い替えたりすることもできます。このような、いかようにでも変えられるものを指します。

人生も同じで、神様が決めたシナリオ＝宿命が個々の人間にはあり、それをどう生きるかが重要になってきます。

生まれた家柄、親・兄弟、国籍、性別、ルックスなどは変えられない宿命です。どれだけあがいても私が小栗旬さんや木村拓哉さん、吉沢亮さんのような超絶イケメンにはなれません（笑）。

ですが、定められた人生をどうとらえて、どう生きるかは自分で決められますし、あなた次第でもあります。

今日、あなたがどんな服を着て何をするかによって、あなたの印象や行動規範を変化させることができます。運命を自分で変えることができるわけです。

宿命は変えられないが運命は良くできる

そんなときに、私がおすすめしたいのは神様からのメッセージを受け取り、自分本位にコントロールするのではなく、人生をまるでゲームのようにとらえて、陰徳を積んで直感を磨いて、強運の方程式に従っていく生き方です。

そうすることで、宿命は変えられなくても運命は良くできるからです。

このような人生を生きていると神様から応援され、その時々で最良の選択ができ、良いご縁を引き寄せてどんどん強運体質になっていきます。

人生のスコアをどんどん高く出せるようになり、さらに継続することで悟りの境地に至ることもできます。

弘法大師・空海が開いた真言宗には「即身成仏」という教えがあります。「人間は今生のうちにこの身このままで仏の悟りを開くことができる」という意味です。

ただし、そのためには少し今とは違う視点を持つ必要があります。

私たちが顕在意識によって認識しているこの世界は、実はその範囲にとどまらない「ゲームの世界である」という認識です。

いきなりこのようなことを耳にして、意味がわからない読者もいると思います。その解説や、ゲーム世界をどう攻略するのか、その攻略法について、次章でお伝えしていきましょう。

第3章

仏教と量子力学がつなぐ「ゲーム世界論」

この世界が「ゲーム世界」だと考えられる4つの理由

前章の最後に「この世界はゲームの世界である」とお伝えしました。

いきなりこのようなことを聞くと面食らってしまうでしょう。ですが、かつて『マトリックス』という映画がヒットしたように、私たちは仮想現実として作られた世界を生きるキャラクターだと考えることができるのです。

この先をスムーズに読み進めてもらうためにも、具体的なゲーム攻略の内容に入る前に、この世界がゲーム世界である理由を４つの視点でお伝えしましょう。

この世界がゲーム世界である理由❶

シミュレーション仮説

1つめの理由は「シミュレーション仮説」です。

スウェーデンの哲学者であり、オックスフォード大学教授でもあるニック・ボストロムがシミュレーション仮説を提唱しています。私たち人類が生活するこの世界はすべて「シミュレーテッド・リアリティ（現実と区別がつかないレベルでシミュレートすることが可能）である」とする仮説のことです。

そもそも「現実が錯覚である」とする仮説は古くからありました。それこそ古代ギリシャの哲学者プラトンの時代から存在しています。

ボストロムの仮説では、惑星全体あるいは宇宙全体レベルでシミュレートは可能であり、高度に発達した文明ならシミュレートを実行する可能性が高い、というのです。

そのため私たちが実際にシミュレーション世界の中の住民である可能性が高い、というものでした。

ここで、第1章でお伝えした素粒子の話を思い出してください。

すべての物質は原子でできており、原子の中心には原子核があってその周りを電子がグルグルと回っていましたね。

原子のサイズはとても小さくて約1億分の1㎝（10のマイナス8乗）の大きさしかなく、原子核はさらに小さくて約1兆分の1㎝（10のマイナス12乗）の大きさしかありません。

仮に原子のサイズを東京ドームだと仮定すると、原子核の大きさはパチンコ玉1個分くらいのサイズです。残りの空間は空洞であり、原子の99・9％はスカスカの状態と言えるでしょう。

もう少し話を思い出してみましょう。

原子核は陽子と中性子で構成されていましたね。陽子と中性子はそれぞれ3つのクォーク（素粒子）から成り立っています。改めて言うと、素粒子はすべての物質の最小単位で、大きさは「10のマイナス16乗」m以下です。

そして、素粒子には観測問題によって「波」と「粒」の２つの性質がありました。

なぜこのようなことが起こるかはわかりませんが、この世界がゲームであるとするなら、理由づけをすることができます。

見ている部分は粒、見ていない部分は波である

仮に、この世界がゲーム世界で、私たちがそれぞれ自分のゲームの主人公キャラクターだとするならば、私たちが個々に見ている世界・見ていない世界のすべてを画像処理しなければいけなくなります。

私たちが普段プレイしているTVゲームはゲーム内で処理が行われています。ですが、ゲーム世界すべてがその瞬間に表示されているわけではなく、キャラクターが移動した際に処理され、あたかも世界が1つにつながっているかのように構築されてい

るのです。

これは画像処理に膨大なデータ処理や計算が必要になって、ゲームがフリーズしてしまわないための回避措置です。


ということは、私たちが生きているこの世界もまた、個々が見ている＝観測している部分は「粒の性質」であり、見ていない部分は「波の性質」になっていると考えるほうが自然です。

例えば部屋の中にいて、窓から外の景色を見るとします。窓枠で四角く仕切られた内側の範囲にはさまざまな景色が広がっているでしょう。ですが、窓枠の外側＝壁に遮《さえぎ》られた範囲は見えません。

そのときに起こっているのは、窓枠の内側だけが粒化していて、壁に遮られた範囲はまだ波の状態を保っている、ということです。

もしもあなたが窓に近づけば、それだけ外の景色が粒化して現れます。代わりにあなたの視界から外れてしまう壁の部分は波化して曖昧になります。たとえ波の状態を確認したいと思っても観測した瞬間に粒化するので、どれだけ速く動いても波の状態は見ることができません。

この世界がゲーム世界ならば、それを作った「ゲームマスター」が存在するはずです。

ゲームマスターにとってはプレイヤーが快適にゲームをプレイすることを望むはずですので、より処理がしやすくなる方法としてこのような観測の有無による素粒子の性質の変化が起こっていると考えることができます。

この世界がゲーム世界である理由❷
光速不変の原理

2つめの理由は1つめの理由を補完するものになります。

アインシュタインの特殊相対性理論の式「$E = mc^2$」を思い出してください。E＝

エネルギー、m＝物質の質量、c＝光の速度でした。

エネルギーがあるものは物質に変換でき、物質もまたエネルギーに変換できることを示している式でしたが、この式で不思議なことがあります。


それは「c＝光の速度は一定である」ということです。

光の速度は「秒速30万㎞」で一定です。なぜか一定なのです。

これを「光速不変の原理（光速度不変の原理）」と言います。1887年にアルバート・マイケルソンとエドワード・モーリーによって行われた「マイケルソン・モーリーの実験」で確認されました。

光の速度が一定（不変）であることは、言ってみれば宇宙の定数の1つです。

これをゲーム世界に置き換えると「パラメーター」と呼ぶことができます。パラメーターとは、コンピューター分野における「プログラムを実行する際に設定する指示項目」のことです。

光の速度はこの世界のパラメーターの1つである

アインシュタインの相対性理論では「光の速度を超えることはできない」とされています。もしも物体の速さが光速に近づくと、その物体は長さが縮んだり、時間の流れが遅くなったりすると考えられています。

SFアニメやSF小説の世界ではこの原理を取り入れて、光速に近い速度で進む宇宙船の中にいるキャラクターが船内で1年を過ごして地球に戻ってくると、地球では数年の時間が経っていた、というような描写が使われます。

このような、光速度に近い速度で運動しているものの時間の進み方が、静止している観測者に比べて遅くなる現象を「ウラシマ効果」と呼んだりもします。

まさに竜宮城から帰ってきた浦島太郎状態です（笑）。

さて、光の速度が一定で、光の速度に近づくほどに時間の流れが遅くなる現象は、ゲームの世界で言えばキャラクターが通常の何倍、何十倍、何百倍ものスピードで移動することになります。

もしもキャラクターが設定の何十倍ものスピードで移動をすると、やはりゲーム上では計算が追いつかなくなり、プログラムがバグってフリーズしてしまったり、処理に時間がかかって挙動がものすごく遅くなってしまうでしょう。

私たちの住む世界にも、先にお伝えしたようなゲームマスターが存在しており、光の速度を一定に設定しています。そして、私たち人間の歩行スピードも秒速1m前後に設定されています。

もしもこれを大きく超えるようなことがあって、それが光の速度にまで加速したとしたら、この現実のゲーム世界でも処理が追いつかなくなって時間の流れは遅くなってもおかしくない、と考えられるのです。

この世界がゲーム世界である理由❸

ホログラフィック理論

3つめの理由は「ホログラフィック理論」です。

この世界が実は0と1のデジタル世界で、宇宙はデジタルの情報空間であるという考え方があります。映画『マトリックス』で救世主として覚醒した主人公ネオが周囲の風景を文字列の立体構造として認識する描写がありますが、あのようなイメージだと思ってください。

ただ、ホログラフィック理論を説明するためには背景の情報が必要です。

ブラックホールの原理から導き出された

イスラエルの物理学者ベケンシュタインは「ブラックホールに落ちたモノの情報は消えずに〝別の場所〟に保存される」と主張しました。

ブラックホールは、恒星が死を迎えることで内側に向かって崩壊し、ほぼ無限の密度を持つ一点にまで凝縮されて誕生します。光も出てこられない暗黒の世界のため、それまで多くの科学者は「ブラックホールに落ちたモノの情報は無限小にまで押し潰されて消滅する」と考えていました。

ベケンシュタインはそれに異を唱えたわけです。

ベケンシュタインの説では、ブラックホールをシャボン玉に見立てた場合に「内側に入ったモノの情報は外側の虹色が渦巻く球面上に保存される」としました。

当然、学界からは猛反発を食らいました。ですが後にイギリスの理論物理学者スティーブン・ホーキングの研究によって数学的に正しいことが立証されました。

さらにベケンシュタインの説は、オランダの物理学者ヘーラルト・トホーフト（ノーベル物理学賞受賞者）やアメリカの物理学者レオナルド・サスキンド（弦理論の創設者の1人）によって推し進められました。

彼らは「この現実世界にあるすべてのモノ・コトは、どこか遠くにある二次元平面に書き込まれたデータの投影に過ぎない」と結論づけたのです。0と1のデータである世界のすべては空間領域の外側にある球面上にコーディングされている、と考えました。

三次元世界の情報のすべてを二次元のスクリーン上に書き込み、そこから再生されるホログラムによく似ていることから、この理論は「ホログラフィック理論」と呼ばれるようになりました。

般若心経も「この世は作りものだ」と言っている？

ホログラフィック理論は仏教でも同様の言葉があります。

それが「色即是空、空即是色」です。玄奘《げんじょう》（三蔵法師）訳の『般若心経』中の文句で、現代語訳では「物質的なものは実体を持たず、実体を持たないままでも物質的なものは存在する」という意味です。

私はこれを「現実はゲームの世界のような仮想世界（量子力学的には波でもあり粒、仏教的には空でもあり、色でもある）であって、それを本物だと思い込んでいるから苦しいのだ」と解釈しています。

この世界をゲーム世界だと考え、自分をそのキャラクターだと位置づければ、今の世界も私たちもＴＶゲームのような０と１のデジタル情報に過ぎないと考えることができます。

ゲームは基本的にエンターテイメントの側面を持っています。

ですから、色即是空・空即是色もさらに解釈していけば「このゲーム世界には実体がないと考えてみることで、あらゆる苦しみから解放されて人生を楽しむことができる」と考えることもできるわけです。

この世界がゲーム世界である理由❹

パラレルワールド

4つめの理由は「パラレルワールド（多元宇宙論）」です。

パラレルワールドは別名「マルチバース理論」とも呼ばれ、現在でも多くの物理学者の間で議論されています。

第1章でお伝えした二重スリット実験を思い出してもらいたいのですが、観測の有無によって電子が波と粒の両方の性質を持つ話がありました。

観測問題に関しては現在までさまざまな解釈が生まれており、その1つにアメリカの物理学者ヒュー・エヴェレットが1957年に提唱した「多世界解釈（エヴェレット解釈）」があります。

エヴェレット解釈では「ミクロの世界もマクロの世界もすべてが重ね合わせの状態で、確率的に決まる出来事の数だけ世界そのものは多数に分岐している」と考えます。要するにパラレルワールドが存在している、ということです。私たちが住んでいる宇宙以外の世界がたくさん存在しているかもしれないわけです。


パラレルワールドの存在については現在でも多くの物理学者の間で議論がなされており、アメリカの理論物理学者リサ・ランドール（ハーバード大学教授）は「5次元宇宙論」を提唱しています。

他にも、マサチューセッツ工科大学の物理学者マックス・テグマークは、これを「マルチバース理論（多元宇宙論）」として提唱し、博士は理論的には10の500乗通りの宇宙が存在する、と説いています。

この世界は超リアルな仮想現実の1つ

電子が波と粒の両方の性質を持つということは、言い換えれば「観測される前の電子」の位置は、可能性としては多重に存在しているということです。

あらゆる物質はあらゆる可能性として重なり合い、多重化している存在だということにもなりますから、それを観測している観測者＝あなたもまた多重に存在していると言えます。

「あなたがその電子を観測している世界」と「あなたがその電子を観測していない世界」が同時に可能性として存在しているわけですから、これは「別世界には別のあなたが存在する」ということでもあります。

この世界がパラレルワールドの1つだとして、それでも私たちが観測しているものは光が反射したものを認識しているに過ぎません。

観測とは、物体に光が当たって反射し、その粒子＝光子が私たちの目に入って視神経を通じて脳に伝達され、像として結びついているに過ぎないわけです。

そして、光子はものすごいスピードで点滅しています。あまりにも速いため、連続しているようにしか見えないと思いますが、実は点滅しています。これはブラウン管テレビや液晶テレビでも同じです。電子やＬＥＤが高速で点滅しているのですが、人間には速すぎてそれを認識できません。

つまり、私たちが認識している１つのパラレルワールドは、実体があるように見えて、実は「超リアルな立体映像や仮想現実の可能性が高い」ということです。

人生はリアル「オープンワールド系ゲーム」である

さて、この世界がゲームや仮想現実の世界である理由を４つの視点で説明しましたが、実際に私たちが普段、ゲーム機やスマートフォンでプレイする「ＴＶゲーム」の世界は日進月歩で進化しています。

アクション系、シューティング系、シミュレーション系、ＲＰＧ《ロールプレイングゲーム》系などさまざまなジャンルがありますが、中でも現在のメインストリームとなっているスタイルに「オープンワールド」が存在します。

オープンワールドとは、２０００年代に入ってから新たに誕生したスタイルで、ゲーム内の仮想世界において移動的制限がなく、プレイヤーが自由に探索して最終目的に到達できるようにデザインされたゲームです。

タイトルを挙げていくと枚挙に暇《いとま》がありませんが、それでも最近ではＲＰＧ系、レース系、オンラインゲームなど、さまざまなジャンルでこのスタイルが採用されています。

例えば、私が子供の頃に大ヒットしたＲＰＧに『ドラゴンクエスト』シリーズがあります。自分が勇者として仲間を集め、レベルを上げて、大魔王を倒す――ゲーム内でキャラクターの行動を追体験できる名作シリーズでした。

ただ、ドラクエを含めた当時のＲＰＧでは攻略ルートが決まっていました。

《アイテムＡを手に入れるために街Ｂへ行き、キャラクターＣの依頼でボスＤを倒す

と、島Eに行くためのアイテムAがもらえる》

このような感じで決まったルートでクエストを順に攻略し、最後に大魔王を倒すとゲームクリアでした。

ところが、オープンワールドでは決まったルートがあるわけではありません。《アイテムAを手に入れて島Eへ行く》というシナリオが決まっているだけで、フラグさえ立てておけば、例えばレベルを上げていきなりボスDを倒すことで、街Bに行かなくても島Eに渡れたりするわけです。

さらに、途中にさまざまなサブクエストが用意されていて、それらを攻略してもいいですし、しなくてもいい。その選択はプレイヤーの自由にゆだねられていたりします。

「八百万の神ゲーム」をクリアしよう

長々とオープンワールド系ゲームの話をしてきましたが、結論を言ってしまうと「この世界はオープンワールド系ゲームと同じだ」ということです。

この世界では、生を受けた私たちは「死」という絶対に訪れるエンドに向かって毎日を過ごします。この世界では1年を365日、1日を24時間で区切り、どこへ行くのも自由ですし、何をするかも自由に選ぶことができます。

ただし、日を経るに従ってステータス（能力値）は増減します。経験値をたくさん積めばレベルは上がりますが、時間とともに衰えていきます。

しかも、プレイ時間のうちの3分の1を「睡眠」というタスクに使用しなければいけません。充分に睡眠を取らないと体力（HP《ヒットポイント》）が完全に回復しないばかりか、ステータスにデバフ（弱体化させる効果）がかかり能力を十全に発揮できなくなります。

また、いつゲームが終わるかには個体差があります。あらかじめ最大プレイ時間が個々に設定されているのです。ちなみにその長さはわかりません。

突然のマイナスイベントによって予想もしないタイミングでゲームが終了したり、誰かに強制的に終わらせられることもありますし、あえて自分でシャットダウンしてしまうこともできます。

最大プレイ時間ギリギリまでプレイできたとしても、クリアの仕方は人それぞれ異なります。

ここまでの話を踏まえた上でこのように考えると、リアリティを持って人生を「ゲームである」と考えることができるのではないでしょうか？

では、この人生ゲーム――私は「八百万《やおよろず》の神ゲーム」と呼んでいます――には、どのようなメインクエストがあり、どのような攻略法があるのでしょうか？

メインクエストは「神様からのメッセージに気づくこと」

なぜ私が人生を「八百万の神ゲーム」と呼ぶのかというと、理由は日本神道の考え方に根ざしています。

日本には昔から森羅万象に神が宿るという考え方があり「八百万の神」という概念

があります。八百万は具体的な数ではなく「そのくらいたくさんいる」ということです。それこそ万物に神が宿っているということです。

そして、それぞれの神様は何かしらのメッセージを発しています。人生というゲームのゲームマスター＝神様がいて、その神様が八百万の神を通してさまざまなメッセージを私たちに送ってきてくれているのです。

八百万の神ゲームのメインクエストは、この「神様からのメッセージ」に気づくことです。

ＴＶゲームをしていると街やフィールド上にＮＰＣ《ノンプレイヤーキャラクター》というプレイヤーが操作しないキャラクターがいて、話しかけることでさまざまな情報やゲーム攻略のヒントを教えてくれます。中には特定のＮＰＣに話しかけないと次のイベントのフラグが立たず、ゲームが進行しないこともあります。

同じように、私たちが人生を生きる上でも神様からのメッセージはさまざまなものから得ることができ、八百万の神ゲームを攻略するヒントになっています。

それに気づくことで強運を引き寄せ、より良い人生を歩んでいけるのです。

サブクエストで寄り道しても神様は怒らない

メインクエストがある以上、サブクエストも存在します。

八百万の神ゲームがオープンワールド系ゲームであるならば攻略ルートは自由なので、当然ながら寄り道はＯＫですし、神様はそれを許してくれます。

神様はそれくらい心が広い存在なのです。

もちろん、だからといって悪いことをしていいわけではありません。不健康な生活(不摂生)をずっと続けていいわけでもありません。

そのような日々を送ってプレイ時間をムダ使いしていると、神様から怒られます。

それが「罰《ばち》が当たる」ということです。

なぜそのようなことが起こるかというと、神様が天から私たちを見ているからです。

「天《てん》知る地《ち》知る我《われ》知る子《なんじ》知る(天知る地知る我知る人知る)」という言葉があるように、

誰も知らないと思っていても天地の神は知っているからです。

日本語には「お天道様《てんと》が見ている」という言葉がありますが、まさにそれです。天道とは太陽のことであり、日本神話では天照大御神《あまてらすおおみかみ》のことです。

悪事を行えばいつかはバレますし、不健康な生活を続けているとケガをしたり病気になったりしてしまいます。それは神様からの「改めなさい」というメッセージです。

ただ、どんなことがあっても神様は私たちを見捨てることはしません。

お尻ペンペン（笑）で叱りはするけれど、見捨てはしないのです。

なぜなら、日本人1人ひとりが天皇にとっての大御宝《おおみたから》であるように、人類は神様にとっての子供だからです。神様が親であり人間が子であるなら、親が子を見る感覚で神様は見守っているのです。

ですから、仮に子供が悪いことをした場合に叱りはするでしょうが、見捨てるようなことはしないのです。

「ハッピーエンドで死ぬこと」がクリア条件

メインクエストとサブクエストがあり、寄り道ＯＫだけどお天道様がちゃんと見ている八百万の神ゲームは、そもそもの自由度がものすごく高いです。

ただし、１つだけゲームマスターである神様が決めていることがあります。

それはゲームのゴールで「『幸せで良い人生だった』と思って死ぬこと」です。

神様は唯一「すべての人は必ずハッピーエンドで死ぬ」ということを決めていて、それゆえ私たちは基本的にはハッピーエンドで死ぬことができるのです。

とはいえ、すべての人が実際にそうなっているかというと違うでしょう。

その違いは何かというと、神様からのメッセージを受け取り、神様のシナリオに従って人生を送ったかどうかです。

私たちの中には自分の「我」が強すぎて、自我によって人生をコントロールしようとしてしまい、神に背き、悪魔にとり憑かれた人生を送る人がいます。

あるいは、神様からのメッセージに気づかずに神様のシナリオから外れてしまった人生を送る人もいます。

ここがTVゲームとは大きく異なるところです。

TVゲームではゲームクリエイターがクリアしてもらうことを前提にゲームデザインをしたり、攻略本や攻略サイトがあってカンニングすれば誰でもゲームをクリアできて、ハッピーエンドにたどり着けます。

ですが、八百万の神ゲームのヒントは漫然と生きているとわかりづらく、五感を磨き、自ら積極的に見つけに行こうとしないと見つかりません。

本書は、その攻略本になろうという試みです。

八百万の神ゲームをエンタメ感覚で楽しもう！

では、具体的にどうやって八百万の神ゲームを攻略していけばいいのか、という話ですが、基本姿勢は「楽しむこと」です。

私たちがＴＶゲームをするとき、それがマリオでもドラクエでもテトリスでも楽しもうとするはずです。苦行だと思ってプレイする人はいません。

同様に八百万の神ゲームも楽しんでプレイするのがコツです。

私は「この世界はゲーム世界である」と何度もお伝えしていますが、近い考え方として「人生はエンタメである」というものもあります。私たちの人生は自分で選んだ映画を見ているのと同じで、映画＝エンタメという考え方です。

この考え方をお伝えするために「前世の記憶」の話をします。

「過去」を記憶する2人の妻から閃いたこと

私は現在2度目の結婚をして幸せな家庭を築いているのですが、最初の妻となった女性は少し変わった人でした。私のことを「ミジンコ以下」と呼んだことは何度も過去の書籍でお伝えしてきているのですが（笑）、最初の妻は前世の記憶を持っている人でした。

彼女曰く、自分は両親がデートをしているところを見ていて、彼らの間に生まれてくると決めて生まれてきたそうです。

前世だけでなく生まれ変わりの瞬間の記憶も持っていて、3、4歳のときには両親がどこでどういう格好でどんなデートをしたかを言い当てているそうです。

さらにイアン・スティーヴンソンの書籍『前世を記憶する子どもたち』（角川文庫）でも事例の1つとして取り上げられました。

恥ずかしながら、私は前世の記憶を1秒たりとも持っていません。

ですが、実際に前妻のように前世の記憶を持っている人は他にもたくさん存在していて、状況証拠としては否定できません。否定しようと思うと「ないこと」を証明しなければいけないので〝悪魔の証明〟になってしまいます。

ですから、そういう人がいることを前提に考えを進めると恐らく前世はあるはずなのですが、ではなぜ前世の記憶を持っている人といない人に分かれてしまうのでしょうか？

この疑問を解決してくれたのが現在の妻でした。

私の現在の妻は、過去に観た映画やドラマの内容をほぼ完全に記憶することができる人です。たとえ遠い過去に観た作品であっても、同じ作品を2回目に観るときにはストーリー展開やキャラクターのセリフをほぼ一言一句レベルで覚えていて、言い当てられるのです。

一方で、私は過去に観た映画やドラマの内容をほとんど忘れてしまうタイプです。2回目であってもまったく新鮮な気持ちで楽しむことができます。

前世の記憶を持つ前妻と、過去に観た映画をほぼ記憶できる現在の妻。

どちらも持っていない（できない）私。

この違いを知ったとき、私の脳裏に電撃が走りました。前世の記憶と映画の記憶がつながり、生まれ変わりがどのように行われているかを閃いたのです。

それが「この世界は映画の中の世界かもしれない」というものです。

人生はエンタメ映画を観ているのと同じ

人生を映画に置き換えれば、前世は「過去に観た映画」ということになります。前世は「過去生《かこせい》」とも呼ぶように、過去に生きた人生のことです。

前世を記憶していることは、過去の人生＝映画を記憶していることと同義です。つまり私の2人の妻たちは、時間軸は違えども「過去に観た映画を記憶していた」という意味においては同じことをしていたわけです。

ただし、実際の映画と人生の異なる部分で言えば、映画の場合はセリフもシナリオもすべて決められていて、さらに編集作業が加わって2時間前後に収められていることです。

ですから、私たちは「エンタメ」というカテゴリに勝手に分類してしまってフィクションだと決めつけてしまっています。

一方で人生はセリフもシナリオもすべてがアドリブです。

主人公＝自分の言動さえも自由に決められるので、本当は映画のセットなのにもかかわらず、そう認識できずに「現実の世界」だと思い込んでしまうのです。

確かに私たちが生きる現実はものすごくリアルです。五感を駆使すれば臨場感を体験できます。

ですが、映画やゲームのようなエンタメだと思えば、自分がそこで主演するキャラクターだと思えば、途端にその過ごし方は変わってくるのではないでしょうか？　そうです。八百万の神ゲームとして楽しむことができるのです。

何があっても「ゲームだから」「映画だから」「エンタメだから」と考えて楽しむことができますし、自分の行動ひとつでシナリオを書き換えることができます。

この考え方が「色即是空、空即是色」や「パラレルワールド」ともつながることに気づいたとすれば、あなたは鋭いです。

仏教でも物理学でも、この考え方が存在するのです。

この八百万の神ゲームをどのようにプレイすべきか、もうわかったはずです。あとはヒントに気づいて攻略していくだけです。

第4章

ルールを知って「八百万の神ゲーム」を攻略する

「八百万の神ゲーム」でハッピーエンドを迎えるための8つのルール

量子力学の基礎知識、強運の方程式、ゲーム世界論――この3つを踏まえた上で、いよいよ本書のテーマである「神様から応援される8つのルール」についてお伝えしていきます。

ルールとは、言い換えると「規則」ということです。

例えば、赤信号では渡ってはいけない、人のものを盗んではいけない、決められた場所でしかタバコを喫《す》ってはいけない、サッカーではボールを手で触ってはいけない、など私たちの生活にはさまざまなルールがあります。

法律、条例、規定（規範）、法則などカテゴリはいろいろとありますが、これらのルールをお互いに守り合うことで社会が形成され、安心・安全な生活を私たちは享受できているわけです。

逆にこれらを破ればトラブルになったり、罰金を取られたり、最悪の場合は逮捕されて何かしらの刑罰を受けることになります。

ただし、社会のルールはあくまでも人間がその時々によって定めたもので、絶対的なものではありません。例えば、国によっては「建物の外では喫煙ＯＫ、建物内ではＮＧ」というところもあったりします（日本では屋外で喫煙する場合は喫煙所の利用を推奨）。


宇宙には神様がいて「宇宙の法則」とも呼べるルールが存在しています。

この世界が八百万の神ゲームの世界であるなら、神様はゲームマスターであり、ゲームマスターが設定した「神様に応援されるためのルール」もまた存在しているわけです。本章ではそれを8つの視点でお伝えしていきます。

ポイントは、8つのルールは絶対に学校では教えてもらえないということです。ですが、強運な人生を歩んでいる人や強運体質で生きられている人はみんな知っています。そして、その項目は共通しています。

本章でそれを学んでもらいたいと思います。


これからお伝えすることは八百万の神ゲーム攻略のために、私が過去の経験や勉強から学んできたものです。ルールは神様が作ったものなので絶対的であり、同時にこれを知ることは攻略本を手にすることでもあります。

ルールを知った上で人生を過ごしていくと思い通りの人生を歩んで、最終的にハッピーエンドを迎えることができます。

ルール1 「万物に神が宿る」を知り、その心で生きる

最初のルールは「万物に神が宿る」ということを知り、認識を持つことです。

これは日本神道の考え方で、すべてのものに神が宿り、それらの神を祀って自らは正直なマインドでいることで神の加護を受けられると信じられています。神の加護＝

神様から応援されることです。

日本の八百万とは「たくさんの」という意味で、太陽や月、風や地震といった自然現象や学問や商売なども含めた、世の中にあるすべてのものを総称しています。

この考え方はなにも日本独自のものというわけではありません。

西洋には「アニミズム」と呼ばれる、生物・無機物を問わず、すべてのものに霊（霊魂）が宿っているという考え方があります。

アニミズムはラテン語で「気息・霊魂・生命」などを意味する「Anima《アニマ》」に由来します。日本では「精霊信仰」や「地霊信仰」と訳されます。19世紀後半にイギリスの人類学者エドワード・バーネット・タイラーが著書『原始文化』の中でアニミズムという言葉を使用し、定着しました。

身の回りのものを神様として大事に扱う

この考え方に則すると、行動原理が見えてきます。

「あなたの身の回りにあるものや、出会う人たちもまた神様である」ということです。普段使っているスマートフォンやパソコンや腕時計、ペンやメモ用紙、お箸やお茶碗や衣服や寝具などにも神様が宿っていますし、仕事の同僚や先輩・後輩、上司・部下、今すれ違った人や隣に座っている他人も神様なわけです。

それならば、あなたはそれらの神様に対してどう相対《あいたい》すべきでしょうか？

「大切に扱おう」という気持ちが自ずと芽生えてくるはずです。

あなたも、その考え方で身の回りのものを大事にするところから始めてみてください。例えば、食器を汚れたままシンクに放置しておいたり、衣服をしわくちゃのままベッドの上に放り投げていたりすると、神様はどう思うでしょうか？

決して喜ぶことはないはずです。丁寧に扱い、大事にしてあげることが第一歩なのです。

そもそも日本には「もったいない」の精神があり、昔から行われてきた伝統工芸があります。それが「金継《きんつ》ぎ」です。

金継ぎとは陶磁器の破損部分を漆を用いて修繕する技法です。これは、モノがなかった時代の考え方だと思うかもしれませんが、それでもその精神は「もったいない」の精神として受け継がれています。

私の知る限り、世の中の成功者や富裕層はみんなモノを大事にします。

お金がある人ほど使い捨てやスクラップ&ビルドの考え方でモノを大事にせず、次から次へと消費するイメージがあるかもしれませんが、実は逆なのです。

もちろん、そこには良いものを買って長く大事に使おうという気持ちがあるのですが、その背景には「万物に神が宿る」という考え方があります。

人間もまた神様だと思って丁寧に接する

この考え方は人にもそのまま当てはまります。

人間を神と見る考え方は、人類には縁のあるものだと思いますし、日本には「現人《あらひと》神《がみ》」という言葉があるように、決して飛躍したものではないと私は思います。

現人神の起源は古く、日本では日本武尊《やまとたけるのみこと》（倭建命）が蝦夷《えぞ》の王に対して「吾《われ》は是《これ》、現人神の子なり」と宣《のたま》ったと日本書紀の景行《けいこう》天皇紀に書かれています。

他にも、万葉集でも天皇を現《あき》つ神《かみ》として歌い奉るものが数多く存在します。

要するに古くから日本人の考え方の中に入っているわけです。

そうなると、あなたが出会う人、すれ違う人もまた神様だと言えます。

では、それらの人に対していったいどのように接するべきかというと、尊敬の念を持って丁寧に接し、誠実に相対することが大事になってくるのです。

現代には「底辺職」という言葉があるように、職業に貴賤を設ける風潮があります。これは間違っています。

職業によって人を見下し、例えばレストランで一緒に行った相手には丁寧に接するのに、店員には乱暴に接する人がいますが、そんな人は三流です（フレンドリーにタメ口で接するのは別です）。

神様に応援されたいと思うなら、どんな人でも公平に、相手を神様だと思って接し、その言葉に耳を傾けることが大事です。

神社で神様にお願いをするときはどんな言葉遣いをするでしょう。「○○をしてください、お願いします」と言うはずです。

それと同じように丁寧に接することが大事なのです。

人が神を創った？　神が人を創った？

物理学、特に宇宙論においては「人間原理」という考え方があり「この宇宙は誰が創ったか」ということを深く考察させてくれます。

人間原理は宇宙の構造の理由を人間の存在に求め、「人間のような知的生命体が存在していないと、観測されるべき宇宙が存在しない」とする考え方です。

素粒子は観測の有無によって性質を変えるわけですから、宇宙は人間が観測したことによって「宇宙」として粒化したと考えられるわけです。

なんとも傲慢な考え方のように思えるかもしれません。

ですが、そもそもすべての創造物の原点は「誰かの意識やイメージ」によります。例えば、この本は私が「量子力学×強運の本を書きたい」と意識し、編集者が「こんな本にしたら面白い」とイメージした結果でできあがっているわけです。

そして人間もまた、生物学的に考えてもご先祖様をたどって行けば、人間を創造できるのが人間のみであるところに行き着くでしょう。

実際に私たちは私たちの両親によって創造された存在のはずです。

このように考えていくと、この宇宙を創造したのもそれを観測できる人間であり「宇宙を観測できる人間という存在がないと宇宙は存在し得ない」という人間原理の考え方も理解できると思います。

そしてもう1つ、人間原理の考え方が生まれてくる背景には「この宇宙があまりにも人間に都合良く作られている」というものがあります。

太陽と地球の距離が今より少しでも近ければ、あるいは遠ければ人類は誕生していなかったでしょう。酸素と窒素と二酸化炭素の配分や濃度が少しでも異なれば、人間は生きていくことができません。

地球が誕生し、太陽とちょうどいい距離を保ち、地表に酸素が満ち、海に生命が誕生し、それが人に進化して、今日の人間社会を形成するまでに至った……これは天文学的な数の偶然が重なった奇跡です。

そして人間は宇宙を観測し、学問で宇宙の謎を解明しようとしています。まだすべてが解明されたわけではないので断言することはできませんが、人間原理の考え方で言えば、この宇宙を創造したのも人間かもしれないのです。

確定的なことを言うつもりはありませんが、結局はあなたが物事をどう認識するか、相手をどう観測するかです。もしも神様から応援されたいのであれば「万物に神が宿る」の考え方で、人間もまた神様だと認識してみましょう。

ルール 2
「神様からのメッセージ」の存在を知る

次のルールは「神様からのメッセージ」の存在を知り、受け取ろうと行動することです。第2章でお伝えした強運の方程式に大きく関わってきます。

神様からのメッセージについてはこれまで何度も登場していますが、ここで詳しくお伝えします。

神様のメッセージは「数」「音」「ダジャレ」がヒントになっている

最初に知っていただきたいのは、神様のメッセージは「数」「音」「ダジャレ」に形を変えてヒントとして私たちに伝えられる、ということです。

万物に神が宿りますから、モノや人間もまた神様からのメッセージではありますが、そもそもの側面で言えば、宇宙のルールとして「この宇宙は数と音でできている」のです。

まずは「数」です。

神様からのメッセージは147ページに一覧として載せた数字にそれぞれ込められています。

1〜9、11、22、33の数字は「エンジェルナンバー」と呼ばれる数字群です。日本では、古くから「言霊」といって言葉に魂が宿るとされてきました。

同様に海外では、「数字には意味がある」として、ある一定の数字に込められた意味は、天使からのメッセージであなたにとって意味があったり、あなたと関わりの深い数字だと言われています。エンジェルナンバーと聞くと、最近流行しているスピリチュアルな考え方だと思う方もいるかもしれませんが、実は紀元前6世紀に哲学者ピタゴラスが「万物は数であり、数に意味がある」と考え「ピタゴラス数秘術《すうひじゅつ》」を作り、1から10の数字に意味を持たせたことが始まりだとされています。他にもカバラ数秘術が有名です。

本書では、左の表のように量子力学的な観点の数秘術として、それぞれの数字を元素記号に対応させ、陰陽や星にも対応させています。

それぞれの数字は、原子番号に対応しています。例えば、水素であれば、電子は1つ、陽子も1つしかありません。宇宙は、水素から始まったことから、「新しいことを始める」「新しいことを始めよう」という意味にしています。また、水素は、ロケットを飛ばすための燃料であり、よく燃えます。自らも燃えることから男性性のエネルギーが強く、陰陽では「陽」、また星では「太陽」になります。

一方、ヘリウムは、メッセージとしては「落ち着いて心の声に従う」という意味で

[「量子力学的」数秘術]

数字	元素	陰陽	意味(メッセージ)	キーワード	星
1	H (水素)	陽	新しいことを始める	リーダーシップ、 達成、行動力	太陽
2	He (ヘリウム)	陰	落ち着いて 心の声に従う	協力、協調、思い やり、調和、平和	月
3	Li (リチウム)	陽	才能が開花する	好奇心、自由、 楽しむ、楽観	木星
4	Be (ベリリウム)	陰	物事が具現化する・ 安定化する	安定、バランス、 現実化、誠実	天王星
5	B (ホウ素)	陽	変化・成長が訪れる	冒険、経験、 変化、挑戦	水星
6	C (炭素)	陰	あなたは キラキラ輝いている	愛、美、母性、 光、創造、直観	金星
7	N (窒素)	陽	チャンスが もうすぐ到来する	成長、進化、奇跡、 叡智、精神性	海王星
8	O (酸素)	陰	繁栄や豊かさが もたらされる	富、繁栄、組織、 権力、リーダー	土星
9	F (フッ素)	陽	卒業して 次のステージへ進む	悟り、完成、 宇宙	火星
11	Na (ナトリウム)	陽	自分の使命を発見して 人生が変わる	直観、サイキック、 洞察	太陽と 月
22	Ti (チタン)	陰	信念に従って行動する と安定する	カリスマ、 平和主義	月と 天王星
33	As (ヒ素)	陽	大きな変化が訪れて 願いが叶う	博愛、慈悲、 無償の愛	木星と 金星

す。空気より軽く火を近づけても燃えません。したがって、自らも燃えないので女性のエネルギーが強く、陰陽では「陰」であり、星では「月」になります。

「神様ナンバー」と「運命数」を日常から見つけよう

エンジェルナンバーが理解できたら、次は「神様ナンバー」と「自分の運命数」を知りましょう。

神様ナンバーは「8」です。「8」は神様が喜ぶ数字と言われています。

運命数は「数秘術」によって導き出すことができます。数秘術（ヌメロロジー）は数字で運勢を占う占術です。古代ギリシャの数学者ピタゴラスによって体系的にまとめられたと言われており、数秘学と呼ばれることもあります。

数秘術では人間が生まれながらに持っている3つの数字（誕生数秘）を生年月日から導き出し、数字からあなたの本質や強みや目標を読み解きます。

3つの数字とは、強みや得意分野となる「才能数」、人生のメインを表す「本質数」、自ら究めていくものである「探究数」です。

本来の数秘術ではすべての数字を使用しますが、本書では神様ナンバーもありますので「本質数」を求めるだけで構いません。あなたの本質につながることができ、本当の自分とつながることで運をつかめるからです。

これを「運命数」として考えてください。

運命数の計算方法は簡単です。

西暦に換算したあなたの生年月日を足していくだけです。ただし、最終的に11、22、33のゾロ目になった場合は足さずにその数字を運命数とします。

例えば、私の誕生日は「1981年4月30日」ですので、最終的な数字は「8」になります。なんと神様ナンバーと同じです。

計算法は計算サイトで入力すると簡単にわかりますので、まずは自分の運命数を知りましょう。

神様ナンバーと運命数がわかったら、神様からのメッセージを日常の中で探していきます。

時計の時間、自動車のナンバープレート、看板の数字、電話番号の末尾、住所の番号など、日常の中で目についた数字をサッと計算して数を導き出し、147ページに載せた一覧から意味を読み取ります。

例えば、ナンバープレートが「3285」だったら「3＋2＝5」「8＋5＝13↓1＋3＝4」「4＋5＝9」という形で「9」を導き出し、9のメッセージを参照するのです。

ふと目についた数字、意識が引っ張られた数字には何かしらの意味があります。あなた自身に今、どのような状況が訪れているか、数字を通して神様がメッセージを送ってくれていることに気づくでしょう。

同じ数字やキーワードの「シンクロニシティ」に気づこう

日常の中で数字を探しているときに同じ数字が連続して目の前に現れたら、それは「シンクロニシティ」を引き寄せている証拠です。

シンクロニシティはユングが提唱した概念で「意味のある偶然の一致」という意味です。日本語では主に「共時性（同時性、同時発生）」と訳されます。

シンクロニシティを引き寄せた状態は、その物事と縁があり、神様から「その道で行くとうまくいく（いっている）」というメッセージです。

ここで1つ「岡山」というキーワードで私の身に起こったシンクロニシティをご紹介しましょう。

以前、私はあるご縁があって岡山県岡山市へ行きました。ご縁をいただいたときにふと気づいたのですが、私の会社の社員2人は〝岡山県岡山市出身者〟でした。そして岡山を訪れた私はお会いした人から手土産に〝黍団子《きびだんご》〟をいただき、その次に出会った人と〝桃太郎〟の話をしました。どちらも「岡山」です。

さらに、その次に出会った人と話をしていると、どうやらその方はクラウドファンディングのあるサービスを利用しているようでした。そのサービス名が「Kibidango《キビダンゴ》」

だったのです。

たった1日の間に「岡山」のキーワードでシンクロニシティが起こったのです。


通常であれば「不思議なことがあるもんだ」とそのまま流してしまうでしょう。ですが私はそのときに「きっと神様からのメッセージだ」と受け取りました。神様が「あなたは岡山で何かをしなさい」と言っておられるのだと考えました。

そして先日、ある方の誕生パーティに呼ばれて私は再び岡山を訪れました。

とても素敵な結婚式場で、私は一発で惚れ込み「ここで自分のイベントをしたい」と思いました。そこでパーティ後に帰る予定だったところをキャンセルして、会場の経営者と知り合いの経営者の3人でバーへ行くことにしました。


結果、その会場でイベントを行わせてもらうことが決まり、さらに会場内の撮影スタジオを無料で使わせてもらえることになったのです。

今後、私は毎月岡山を訪れることになりますが、それも最初に起こったシンクロニシティを逃さずにつかんだからです。だからこそ岡山で何かをするということが「思い通りになり（＝幸運）」、さらに撮影スタジオを無料で使わせてもらえる「思いもよらない良いこと（＝強運）」を引き寄せられたわけです。

これは私が特別な人間だからではありません。強いて言うなら神様からのメッセージを見つけることを習慣にし、気づくことができたからです。

神様からのメッセージが存在することを認識し、それを探すことをしていれば、シンクロニシティが起こって、あなたにもあなたにふさわしい強運が引き寄せられるのです。

数が音に変換されてメッセージになっていることもある

次は「音」です。

まずシンプルに、モノが落ちたり（ドンと音がする）、音以外にも赤信号ばかりに引っかかったり、いつもの道が通行止めだったり、いつもの電車やバスに大幅な遅延が発生していたりする場合は「やめておきなさい」のメッセージです。

他にも、数は音に変換することができます。

第2章の「強運は『成長サイクル』を加速させる」の項で、五感を磨いて直感力を養っている人は虫が飛んできてもそこに神様の賞賛のメッセージがあることに気づけることをお伝えしました。

直感力があり判断が速い成功者は、こういうことをヒントにして決断しています。

他にも、41は「41《よい》」でそのまま「良い」になりますし、728は「728《なにわ》」で浪速に何かしらの縁があったりします。

この世界はゲームだと第3章でお伝えしましたが、このようにゲーム感覚で神様からのメッセージを見つけていくのがメインクエストであり、楽しんでプレイすべきなのがこの人生の生き方なのです。

私がリスト化した音で受け取る神様からのメッセージを次のページに載せました。

あくまでも私の解釈であり、一例ですので、あなたなりの考えを追加してもらって

[音で受け取る神様からのメッセージ例]

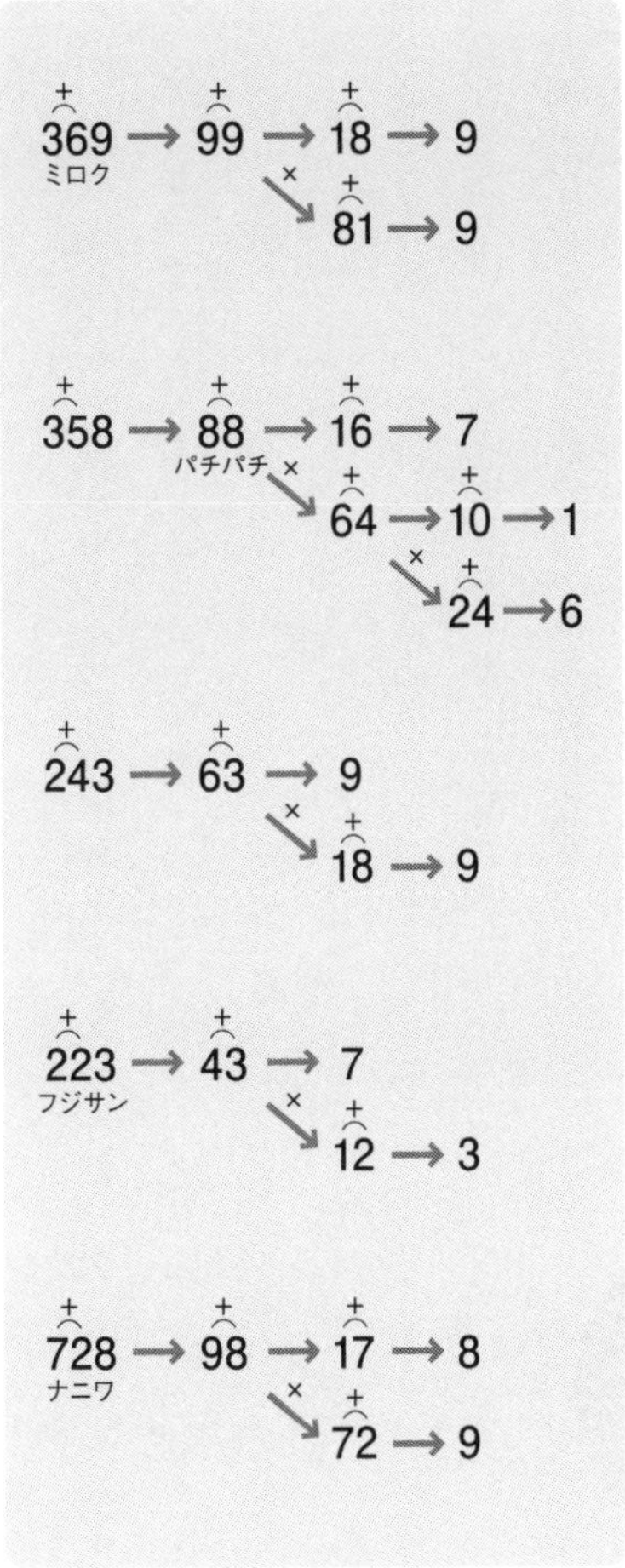

369《ミロク》 → 99 → 18 → 9
　　　99 ↘(×) 81 → 9

358 → 88《パチパチ》 → 16 → 7
　　　88 ↘(×) 64 → 10 → 1
　　　　　64 ↘(×) 24 → 6

243 → 63 → 9
　　　63 ↘(×) 18 → 9

223《フジサン》 → 43 → 7
　　　43 ↘(×) 12 → 3

728《ナニワ》 → 98 → 17 → 8
　　　98 ↘(×) 72 → 9

64 ↔ ムシ

88 ↔ パチパチ

38 ↔ ミツバチ
↔ ミワ

69 ↔ ロック
↔ ムク（無垢）

81 ↔ ハイ ↔ YES

41 ↔ ヨイ ↔ 良い

44 ↔ ヨシ ↔ 良し

24 ↔ ニシ ↔ 西

87 ↔ ハナ（花）

55 ↔ ゴーゴー

78 ↔ ナハ（那覇）

も構いません。

例えば、69は「69《ろっく》」と読み換えることができます。そこでロックを「ウイスキーのオン・ザ・ロック」ととらえるか「ロック・ミュージック」ととらえるかは人それぞれです。


お酒が好きな人にとっては「帰る途中のバーで1杯飲んで行きなさい」というメッセージに変換できたり、お酒が飲めない人にとっては「好きなロック・ミュージックを聴きなさい」と解釈できます。

他にも6と9は陰陽思想の「陰陽太極図《いんようたいきょくず》（太陰太極図《たいいんたいきょくず》）」とも取れるので、「中庸《ちゅうよう》で行こう」というメッセージとしても受け取れます。

重要なのは、このように音でも神様からのメッセージが送られていることを知り、人生はそれに気づくゲームだと認識して生きることです。

［ 太極図 ］

ちなみに、宇宙と音の関係については、J・E・ベーレントの著書『世界は音―ナーダ・ブラフマー』に詳しく書かれています。

紙は神？　実は神様は「ダジャレ好き」だった！

ここまで読んでみると、あることに気づくと思います。「メッセージがダジャレっぽい」ということです。正解です。神様はダジャレ好きなのです。

例えば、強運を引き寄せる習慣には「成し遂げたいことを紙に書く」という方法も存在します。他にも、日々の習慣として何かしら気づいたことをメモに残していく方法も存在します。

あなたが本書を読んで実践して、少しずつ運が良くなって、物事がうまくいくようになると心に余裕が生まれます。

そうなったらぜひ紙にやりたいことや気づきを書き留めることを始めてみてください。なぜなら、神様にやりたいことや実現したいことを直接オーダーする方法が紙に書くことだからです。

もうお気づきだと思いますが、神様はダジャレ好きなわけですから、紙は「かみ」であり「神」です。

ルール3

質問・傾聴・気づきの力で自分の波動を上げる

第2章の強運の方程式を改めて思い出してみましょう。

強運＝情報量×行動量^2

↓

情報量＝質問力×気づき力

（傾聴力＋確認力）×（五感力＋直感力）
↑　　　　　　　↑

でしたね。

万物に神が宿るということは人間もまた神様です。ですが、人間の姿をした神様は質問をしないと答えてはくれません。だからこそ質問力が大事になり、これを磨かないと八百万の神ゲームは攻略できません。

質問力は「コミュニケーション能力」とも言い換えることができます。

つまり、いかに神様とコミュニケートするかが大事になってくるわけです。

RPGで考える「はなす」の重要性

このことは人生をゲームとして考えるとより理解がしやすくなります。

ドラクエなどのRPGではフィールド上に配置されている特定のキャラクターに

「はなす」のコマンドを実行させる必要があります。

「はなす」ことで情報を得られ、次の行き先がわかったり、攻略に必要なアイテムの場所を教えてもらったり、次のイベントのフラグを立てたり、自分があとどれくらい経験値を積めばレベルアップできるかなどを知ることができるわけです。


では、これをもう一度人生に置き換えてみましょう。

目の前の人、モノ、植物など、すべてのものとコミュニケートする能力を磨いておくことで相手とつながれたり、相手のことを理解することができます。

人間に特化して言えば、同じ言語を駆使する存在として「質問する」ことが必要になってくるわけです。


量子力学的に言えば、相手にまだ質問をしていない状態は「波」の状態です。

相手がどういう人で、どういう考え方を持っているか、どんな性格なのかはわかりません。

ですが、コミュニケーションを取れば取るほど相手を観測できるようになります。

観測することで粒化しますから、人間関係で言えば相手が何を考えているかわからないモヤモヤの状態からはっきりした状態へ移っていくのです。

波動を上げるヒントを探すために質問をする

さらに、質問をするときのポイントとして「自分の波動を上げるためのヒントが隠されている」という前提で質問をすることが大事です。

今から100年以上も前にドイツの物理学者マックス・プランクによって提唱された考え方に「すべては振動している」というものがあります。

《すべては振動であり、その影響である。現実に何の物質も存在しない。すべてのものは振動で構成されている》

1秒あたりに振動する回数を「振動数」と呼び、別名「周波数」とも言います。

すべての物質や自然現象はそれぞれ固有の周波数を持っており、振動しています。

この振動によって生じる波が「波動」です。

そして、波動は上げる（高める）ことができます。その方法はあなた自身が成長し、新しい周波数を発することです。

神様は人生がうまくいくためのメッセージを送ってくれているのですから、あなたが波動を高めるためにはそのヒントが隠されている前提で質問し、傾聴することが大事なのです。

そうやって進むべき道や改めるべきことがわかり、実践することであなたが磨かれて成長すると、波動が変わって引き寄せるものが変わっていきます。実際にこの世界では、同じ波長や波動のものが共鳴して粒化（物質化）が行われています。

結果、出会う人や運気が変わり、強運になっていくのです。

ベイビーブレインで目の前の人を「師匠」だと思う

いきなり「波動を上げるためのヒント」と言われても、もしかしたら難しく考えてしまう人もいるかもしれません。

そんな風に思うなら、目の前の人を「師匠」だと思って接してみてください。

この考え方は私が「ベイビーブレイン（赤ちゃん脳）」と呼んでいる特徴の1つです。実際に赤ちゃん脳には次の3つの特徴があります。

［特徴❶］素直な心を持つ

赤ちゃんは何でも素直に受け入れます。私たち大人がよく口にする4D（「でも」「だって」「どうせ」「だから」）を言わず、素直に新しい学びを吸収しようとし、できるまでチャレンジをやめません。

素直さとは、言い換えれば「心を開く」ということです。英語で言えば「オープンハート」です。心を開いた状態で傾聴し、相手が言うことを素直に受け止めてみましょう。

素直な赤ちゃん脳であることによって猛スピードで成長できます。

［特徴❷］好奇心旺盛に生きる

赤ちゃんは好奇心が旺盛です。放っておけば食べてはいけないものまで食べてしまったり、目を離した隙にハイハイでどこかへ行ってしまったりします。赤ちゃんにとってはすべてが初体験で、興味や関心を引くものばかりだからです。

大人になると知識や経験が増え、だんだんと好奇心は減衰していくように思えますが、そうではありません。実際に発明王トーマス・エジソンは「1＋1＝2」という私たちが当たり前に思う式を鵜呑みにせず、「1個の粘土と1個の粘土を足したら大きな1個の粘土になるのに、なぜ2になるの？」と先生を「なぜなぜ？」で困らせる好奇心旺盛な少年だったそうです。その心を持ち続けたからこそ生涯で千以上もの発明を成し遂げ、世界的な発明王になったのでしょう。

同じようにあなたも「当たり前だ」と思わずに好奇心旺盛な生き方をしてみましょう。成功者はみんな強い好奇心を持っていますし、好奇心に満ちた日々を送ると成長できるだけでなく精神的な若さを保つこともできます。

［特徴❸］すべての人を「先生」だと思う

赤ちゃんにとっては出会う人はすべて自分よりも年上の先生です。

お父さんでもお母さんでも2つ年上のお兄さんでも、みんな赤ちゃんにとっては学ぶべきものがある偉大な先生なのです。

そしてこの考え方は、この項の冒頭にお伝えした「目の前の人を『師匠』だと思う」につながってきます。このすべての人から学ぶ姿勢を持てば、神様のメッセージや波動を上げるためのヒントを見つけることができます。なぜなら、どんどん吸収できて、結果、ものすごいスピードで成長できるからです。

ベイビーブレインの3つの特徴は、人間を急速に成長させるための方法論です。

もちろん、それによって波動を上げ、強運を引き寄せることにもつながりますので、今すぐ実践してみましょう。

神様とつながりたいなら神棚を飾りなさい

最後に1つ、神様とつながりたい読者のための方法をお伝えします。

それは神棚を飾って、毎日お参りをすることです。

私の例ですが、ある機会があって島根県の出雲大社を訪れたことがありました。そのときに御札をいただいて帰ってきたのですが、その後、家の神棚に飾って毎日参拝をしました。

ちなみに、古事記の時代より神社への参拝では「三礼三拍手一礼」が普通だったそうです。そして出雲大社では「二礼四拍手一礼」が普通です。

私はこれを2週間実践した結果、神様とつながれるようになりました。

例えば「これを食べていいか」と手を出したときに、YESであれば首が縦に、NOであれば横に自然と動くのです。おかげで物事のジャッジが早くなりました。

神棚は神様とつながるためのルーターのようなものです。スピリチュアルの世界ではアカシックレコード（原始からのすべての事象、想念、感情が記録されているという世界記憶の概念）と呼んだりもします。

神様とアクセスしたいと考えるなら、ぜひ神棚を飾りましょう。そして毎日、自宅での参拝をしてみてください。

ルール4
日常の行動で陰徳ポイントを貯める

4つめのルールは「陰徳ポイントを貯める」です。

第2章で陰徳と陽徳について触れました。陰徳は「人に知らせず密かにする徳行」のことで、陽徳は「人にあらわにされて喜ばれる徳行」のことでしたね。さらに陰徳は「菩薩行である」ともお伝えしました。

さらに、陰徳と陽徳はどちらもポイント制だともお伝えしました。善い行いをすればポイントが加算され、逆のことをすれば下がります。だから運は1つに固定されるわけではなく流動的である、ということでした。

この世界が目に見える世界と目に見えない世界に分けられ、さらに見えない世界が95%を占めているわけですから、陰徳と陽徳を考えるときに、見えない善行である陰徳のほうが大事だと考えてしまいがちです。

確かにその通りです。どちらかと言えば、見えないところで善を行い、徳を積むことによって神様から愛され、応援されます。

ただし、だからといってそのバランスを欠いていいわけではありません。

なぜなら、陰徳と陽徳は文字通り「陰陽」に関わっているからです。

太極図から学ぶ「陰陽バランス」の重要性

156ページの太極図にもある陰陽は「天地の間にある、相反する2種類の氣」のことです。両者が相互に作用し合って万物が作り出されると考えられています。陰と陽は相反するものですが、どちらが欠けてもいけません。

この考え方は、量子力学ではデンマークの理論物理学者ニールス・ボーアの提唱した「相補性の原理」に関連しています。

相補性の原理とは「2つの相反するものがお互いに補い合って世界を形成してい

る」とする考え方です。

量子力学には「不確定性原理」というものがあります。1927年にドイツの物理学者ハイゼンベルクが提唱したもので、これによって量子力学の基礎が築かれました。例えば、電子の速度を測定すると位置が推定できません。逆に位置を測定しようとすると速度が測定できなくなります。このような不確定性原理も相補性の1つです。

他にも、光（光子）に波動性と粒子性の両方の性質があったように、2つの量が同時に測定できない関係にある現象を「互いに相補的である」と言います。

ボーアはこのような相補性の原理を、東洋思想である「陰陽思想」の太極図で表現していました。

白と黒の勾玉が組み合わさったような形をしている太極図は「陰と陽のバランス」を意味しています。円の中に白と黒が相対的に配置され、それぞれが互いに魚眼を1つずつ内包する形で描かれています。

白の部分を「陽」、黒の部分を「陰」と呼びます。陽が陰を生み、陰が陽を生む相補的な関係性を表しています。

前置きが長くなりましたが、要するに陰徳ポイントを貯める善行をすることも大事ですが、同時に目に見える良いことをしても構わないのです。

逆に、普段から目に見える善行を積んで陽徳ポイントばかりを貯めている人は、それだけではなく、誰も見ていないところであっても善行をし、陰徳ポイントを貯める生き方を心がけていきましょう。

プラスとマイナスは常に補完関係にあります。ですから、そのバランス＝陰陽のバランスが大切になってくるのです。

ルール 5 与えた者が与えられ、求めた者が得られる

5つめのルールは「Give《ギブ》」に関するものです。与えた人＝ギブした人が与えられ、

求めた人が求めるものを得られます。
このルールを理解するためには「作用・反作用の法則」を知りましょう。

物理の基礎概念に「運動の第3法則」と呼ばれるものがあります。これを別の言い方で作用・反作用の法則と呼びます。

きっと中学の理科の授業で習ったと思いますが「物体に力を加えるときには必ず逆向きの力が現れる」というものです。あなたが壁を押しているときには、壁からあなたに向かっても同じ力が働いているのです。

つまり、あなたが相手に対してどういう行動をするかによって、回り回ってそれがあなたのとこ

[作用・反作用の法則]

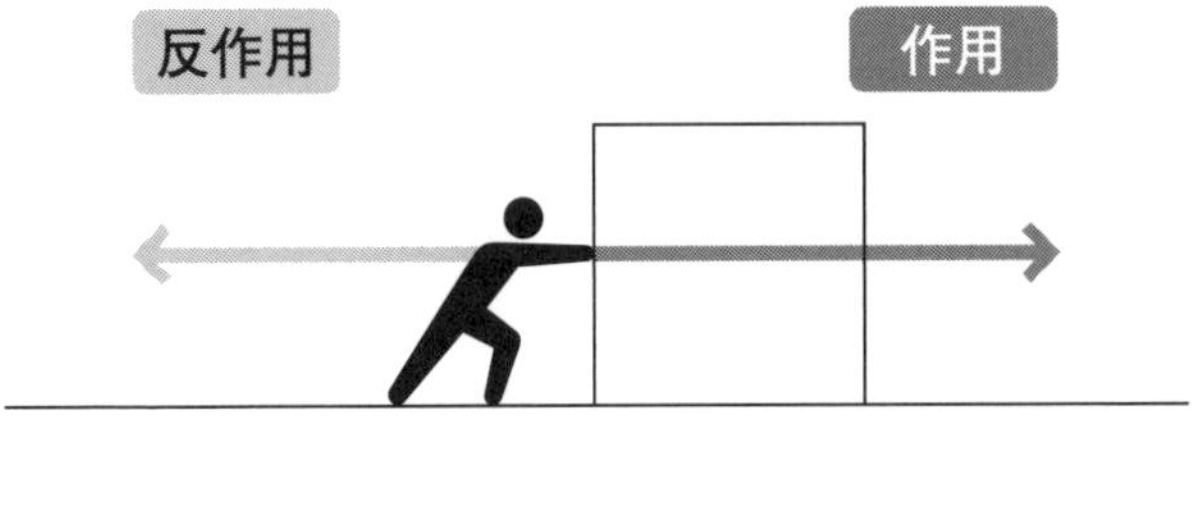

ろにも返ってくる、ということです。

なぜ行いが返ってくるのに時間がかかるのか？

良いことをすれば良いことが、悪いことをすれば悪いことが返ってきます。

しかも作用をしたときに反作用の力は働いていますが、それはすぐに返ってくるわけではなく回り回って宇宙から返ってくるのです。

つまり、タイムラグがあるのです。なぜならそこには「カルマの法則」が関わっているからです。

カルマとは「業《ごう》」のことで、仏教では「意思を持ってなされた善悪の結果を出す行為」を意味します。

仏教の輪廻転生では、現世の行いが来世に何らかの影響を及ぼすと言われています。要するに今の私たちも前世の影響を受けているわけです。

因果応報、原因と結果の法則、作用・反作用の法則など、表現の仕方はさまざまですが、あなたが良いことをすれば、現世が来世に影響を与えるように、すぐにではなく時間を置いて戻ってきます。

「殴ったら殴り返される」くらいのシンプルな事象であれば作用・反作用の法則は理解しやすいのですが、現実には返ってくるまでに時間がかかるので、ついそれを意識しなくなってしまうので要注意です。

強運になりたいのであれば、このルールを理解した上で「相手に喜びと感動を与えること」をしていきましょう。

すると神様から応援されて、回り回ってサプライズで同じものがあなたのところに返ってきます。

人生の8つのステージで「与えられる人」になる

前著『「量子力学的」お金と引き寄せの教科書』で私は「人間の6つのステージ」についてお伝えしました。

八百万の神ゲームを攻略するルールとして、今回は6つにさらに2つを加えて「人間の8つのステージ」としてお伝えします。これを知ることで「奪う人」から「与える人」になり、強運を引き寄せられるようになります。

おさらいを兼ねて1～6のステージとともにご紹介します。

【ステージ1　テイク＆テイク】

このステージの人は他者の時間やお金、人脈を奪い続けます（Take＝テイク）。自分から与えることはせず、常に相手から奪うばかりです。ですから、人づき合いをする場合でも相手に対して「この人は自分から奪おうとする」と考えて行動してしまいます。結果、相手からは「この人と時間を過ごすことはムダどころか、むしろ害になる」と思われてしまいます。

［ステージ2　テイク＆ギブ］

このステージの人は与えること（Give＝ギブ）はできるのですが、その前に他者から何かしらの施しを受けないとその行動ができません。お返しをする分、テイク＆テイクの「奪う人」よりはマシですが、受けた施し以上のものを与えようとはしません。等価交換が当たり前の感覚なので、悪いことではないのですが、より大きなものを与えられるチャンスはあまりありません。

［ステージ3　ギブ＆テイク］

多くの人がこのステージか、1つ前のステージにいます。先に施しを与えますが、代わりに何かを受け取ります。ただし先に与える施しは、あとに得られるものに比例したもので行うため、このステージでも感覚的には「等価交換」のままです。ギブとテイクのつり合いは取れていますが、より大きなものを与えられるチャンスは少ないと言えるでしょう。

［ステージ4　ギブ＆ギブ］

このステージの人は先に与え、さらに与え続けます。知識、情報、仕事、人脈、お金など相手が望むものを与えたり紹介したりしつつ、見返りを求めるようなことはしません。「先に与えることで奪わなくても回り回って自分のところに返ってくる」という宇宙のルールを理解しているからです。このような人の周りには同じようなステージの人が集まってくるため、与え合う関係性が形成されます。

［ステージ5　ギブ＆フォゲット］

このステージの人はステージ4をさらに突き詰めて、与え続けた結果として「誰に何を与えたか」を忘れてしまっています（Forget＝フォゲット）。与えることで人の役に立っていたり、社会に貢献できていることに喜びを感じているからです。しかも「どれくらい役に立っているか」の指数は気にしません。

［ステージ6　ギブ＆ラブ］

このステージの人は与えて、それを忘れることが当たり前になっていて、無償の愛さえも与えます（Love＝ラブ）。この世のあらゆる存在が「愛」すべきものであることに気づいているため、出会った人を幸せにしたり、無償の愛を与え続けることが当たり前になっているのです。

［ステージ7　ラブ＆ギブ］

このステージの人は先に愛を与えて、そのあとにモノを与えます。ステージ6と同じように思えるかもしれませんが、順番は「愛」が先です。目の前の人の幸せを願い、愛のエネルギーを与えた上でさらにモノも与えます。

［ステージ8　ラブ＆ラブ］

このステージの人は愛を与えますがモノは与えません。世俗的な世界からは超越していて、愛そのものの存在になっているので何も与える必要がないのです。ただそこにいるだけで愛のエネルギーを放っていて、いるだけで影響を与えたり、人の感情を動かすことができます。まさに神や仏の領域です。

最初に目指すべきは「ステージ４」の人になること

ステージ８の神や仏の領域は、ただの概念ではありません。

例えば、宗教のような信仰の対象となるものは、あなたに物質的な何かを与えてくれるわけではありません。ですが、ただそこに「愛そのもの」として存在していて、その存在を感じたりエネルギーを受けたりするだけで私たちは幸せな気持ちを得ることができています。

さらに、ステージ８は人間でもそのようになっている人が存在します。私の事例でご紹介しましょう。

今から3年ほど前の話です。

私は人の紹介で東京・六本木のレストランで開催されたランチ会に参加しました。

そこで生まれて初めてロイス・クルーガー氏に出会いました。

ロイス・クルーガー氏はアメリカの実業家・作家で『7つの習慣』で有名な世界的人事コンサルティング会社、フランクリン・コヴィー社の共同創業者です（現在では独立）。

初めてロイス氏に会った私は、何も話をしていないにもかかわらず、なぜか勝手に涙が出てきました。最初は「何だこれは」と思いましたが、すぐにロイス・クルーガー氏の愛のエネルギーであることに気づき、その存在に圧倒されました。

そして、6カ月で600万円もする氏のコンサルティングにその場で申し込みました。氏は「私のコンサルを受けてください」などということを一言も言いませんでした。ですが、私は申し込んだのです。

誰もがいきなりロイス・クルーガー氏のようになれるとは言いません。

ただ、8つのステージのうち多くの人はステージ1～3にいます。

神様から応援され、強運を引き寄せ、与える者が与えられる状態になるためには、ステージ4までは進んでもらいたいと私は考えています。

与えることにシフトすることであなたのエネルギー（周波数）は高くなり、影響力が強くなっていきます。当然、引き寄せられるもののステージも上がります。

今すぐではなくても、本書でお伝えしている強運の方程式を実践しながら、さらに与えることを意識した人生を歩んでみてください。

何事も先延ばしにせず「最初に求める人」になる

ルール5「与えた者が与えられ、求めた者が得られる」の後半部分の「求めた者」については、単に欲しがろうとするのではなく、最初に手を挙げる人になることがポイントです。

これは私たちの私生活で考えてみても当然と言えるのではないでしょうか？

回転寿司で皿を見送ってしまうと、次に回ってくるときまでの間に他の人が取ってしまっているかもしれません。思いを寄せる人がいるのに逡巡していると他の誰かに先に告白されてしまうかもしれません。

物事は早い者勝ちであり、先に求めた人が手に入れられるのがルールです。

逆に物事を先延ばしにする人は何も手に入りません。それどころか悪化してしまって、本来なら引き寄せるはずのなかったものを引き寄せてしまいます。

その典型的なものが借金です。

最初は10万円だった借金をいつまでも利息払いばかりをして元本返済を先延ばしにしていると、雪ダルマ式に膨らんでいってトータルで数百万円になっているケースをドラマなどで見たことがあると思います。

他にも私の体験談で言えば、あるとき、奥歯が欠けてしまったことがありました。すぐに歯医者へ行けば良かったのですが先延ばしにして、数週間後に行ったときには虫歯が進行していて治療時間とお金がかかってしまいました。

根管治療で何度も通う羽目になり、さらにセラミックをかぶせたのでトータルの治療費が９万円もかかりました。早く治療していれば３０００円くらいで済んでいたにもかかわらず、です。

この例だけでも先延ばしをせずに求めることが大事だと痛感させられます。

さらに、時には求めることによって欲しいと思っていたものが無料で手に入ることもあります。

「私はこれが欲しい」と口にしていると、それを誰かがサプライズでプレゼントしてくれたり、与えてくれる人に引き合わせてくれたりする可能性が高くなります。

これも同じように口にしなければその情報は粒化されませんので、手に入ることはありません。

もちろん、求めたからといって必ずしもすぐに手に入るとは限りません。

ですが、そもそも求めないと手に入りませんし、求めることによって何かしらの形で実現する可能性が発生するのです。

ワーク 先に行動することで優位に立てる法則

ここで1つ、先に行動することの重要性を証明する法則をご紹介します。2人でできる簡単なワーク形式ですので身近な人と試してみてください。

1 まず、1人が足を肩幅くらいに広げて立ちます。次に、もう1人が横から肩を押してみてください。押されたほうは横に倒れかけてしまうはずです（転倒するくらい強くは押さないでください。ケガのもとです）。

2 この状態を確認できたら、役割は同じままで2人で向き合ってください。そして押される側が最初に「ありがとうございます」と言い、押す側がそれに「ありがとうございます」と同様に応えてください。

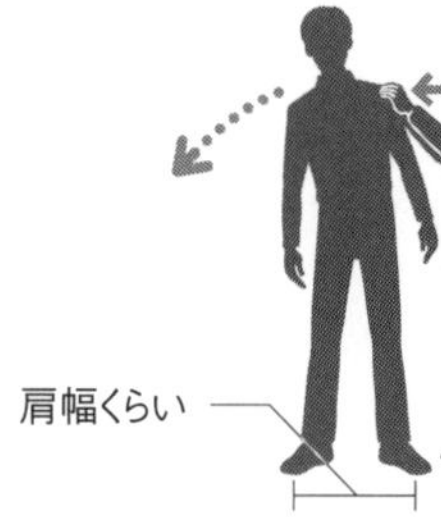

1

横から肩を押す

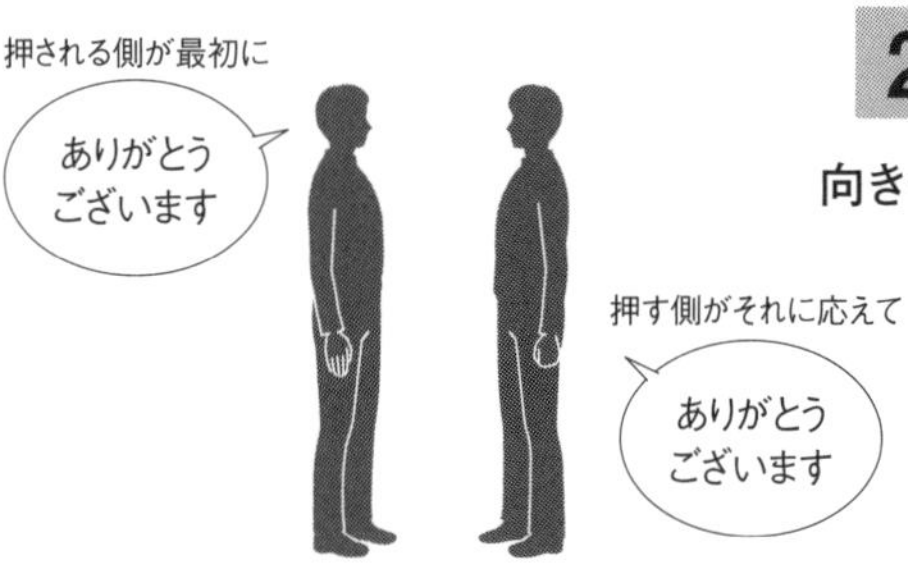

2

向き合う

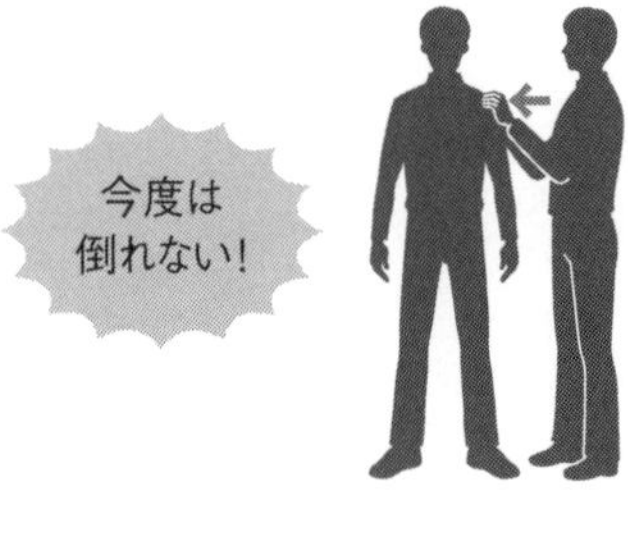

3

もう一度押す

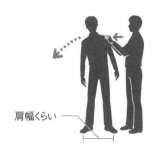

3その上で最初と同じように横から押してみてください。すると1のときとは違って押された側はほとんど動かない（倒れない）はずです。

ワークは以上です。

効果を実感できたら、今度は押す側が最初に言葉を発してみてください。すると結果は1の状態から変わらないはずです。

国民教育の師父と呼ばれる森信三《もりのぶぞう》氏の言葉をまとめた書籍『森信三 運命をひらく365の金言』の中にも「あいさつは自分から」というものがあります。

不思議なもので、先に行動をした人には力が出るのです。言葉は「おはようございます」や「ごめんなさい」に変えても同じです。

あなたが求めるものを得たり、影響力を与える人になりたいのであれば、何事も自分が先にやる心がけを忘れないようにしましょう。

ルール
6
「足る」を知り、当たり前のことに感謝する

6つめのルールは「足る」を知ることで、これはルール5とも関わってくることです。ある意味でルール5がはらむ落とし穴に落ちない方法と言えます。

求めた者が得られるのはその通りですが、これは運の段階によって変わります。不運な人は求めても得られないことのほうが圧倒的に多いです。求めるものが得られればハッピーで、得られなければアンハッピーな気持ちになりますが、不運な人は往々にしてそうなることが多いのです。

そして、求めたものが得られる人は幸運であり、それ以上になると強運な人になっていきます。

求めるものを得られず、不運を感じるのは「足る」を知らないからです。

「足るを知る」は中国の思想家・老子《ろうし》の言葉です。自分の置かれた状況での満足を知ることによって幸せな気持ちで生きていける、という教えです。

「あれがない、これが足りない」と思えば思うほどどんな人でも不運を感じます。お金がない、仕事がない、能力が足りない、自分だけうまくいかない……などの〝欠けているところ〟にばかりフォーカスしていると、やがてそんな自分にダメ出しをするようになってしまいます。


自分にダメ出しをしているとだんだんと自信をなくしていきます。自信を失うと自己肯定感が下がります。同時に波動も下がって、引き寄せる人や意識や物事の質まで下げてしまいます。

引き寄せるものの質が低いわけですから、当然、次もうまくいきません。そして「やっぱりダメだ」と足りないことの再確認をしてしまい、何をやってもうまくいかない負のスパイラルに陥ってしまうのです。

ですが、ここから抜け出す方法が存在します。

「3つの感謝」を知り、幸せな波動にチェンジする

その方法とは「3つの感謝」を知り、実践することです。
「感謝」には3つの種類があります。

- 何かをしてもらったときの感謝
- 何もしてもらっていなくても感謝
- 何があっても感謝

1つめは誰かから何かをしてもらったときに伝える感謝のことです。

プレゼントをもらった、エレベーターで開ボタンを押してもらった、ピンチを救ってもらった……などシチュエーションはさまざまですが、言わば当たり前レベルの感謝が最初です。

ただ、これを必ずしもできているとは限らないという人が少なくありません。

そもそも「ありがとう」という言葉を一日に一度も言わないで生活をしている人は、何もかもが「当たり前」だと思ってしまっています。

時間通りに電車が来るのも、レストランで料理を運んでもらうのも「そういう仕組みだから」「お金を払っているから」という視点で当たり前のことだと考えてしまいます。


さらに、このレベルのことはできている人や、他人に対しては感謝できる人であっても、身内や身近な存在に対してはなかなか言えなかったりします。

「近い存在だから言わなくても伝わるだろう」と考えてしまいます。

ですが、何度もお伝えしているようにこの世界は見えないものが95％を占めていて、見えないもののほうが大事なのです。

多くの人は見えるものにフォーカスしがちです。第1章50ページの図を思い出してください。見えるものとは物質やお金、肉体などでしたね。

例えば、フェラーリやタワーマンションや年収3000万円のようなものです。これらのものを所有している人を見ると「成功者」のように思えるでしょう。見えるものにフォーカスしてしまうから、成功を得たいと人間は考えてしまいます。そして「成功しないと幸せになれない」とも考えてしまいます。

ですが、実際は逆なのです。幸せになるから成功できます。

まず幸せになることで幸せの波動を手に入れ、95%の無意識のレベルで自分が幸せだと思っているから成功を引き寄せられるのです。

幸せの波動を手に入れるために必要なのが感謝です。

他人には何かしてもらったときに感謝できる人であっても、身内や身近にいる、してもらって当たり前になっている人に対しても「ありがとう」を伝えなければいけません。

まずは当たり前を「当たり前でない＝有難いこと＝ありがとう」に変換して感謝していくことが、幸せな波動にチェンジするための第一歩です。

感謝のレベルを上げると「当たり前がない」とわかる

第1の感謝ができたら第2、第3の感謝へと移っていきます。

2つめは、誰にも何もしてもらっていなくても感じる感謝の気持ちです。

今、自分がここにあること、朝起きていつも通りの手順で外出できること、今日も空気が吸えておいしいご飯が食べられること……これらの当たり前に感謝をしていきます。

あなたが今この文章を読めているのは、あなたの両目が見えていて、日本語を読む語彙力があって、内容を理解する能力があって、本を読むだけの時間的余裕があるからです。

そもそもあなたが今そこに存在しているのはあなたのご両親が結ばれ、あなたを生み、育て上げてくれたからです。

あなたが今存在していることは決して当たり前ではありません。

仏教の経典の1つに『雑阿含経《ぞうあごんきょう》』というものがあり、その中にお釈迦さまが説かれた「盲亀浮木《もうきふぼく》」というものがあります。

盲亀浮木とは「大海中に棲む目の見えなくなった老海亀が、百年に一度水面に浮き上がってきたときに、大海に漂っている穴の開いた流木に偶然首を突っ込む」という例え話で、人間が生まれることの奇跡を説いたお話です。

人間として生まれてくる確率は奇跡であり、だからこそ有難いことを私たちに教えてくれます。

第2の感謝をさらに周囲へと展開していくと、その感謝の範囲もまたどんどん広がっていきます。

もしもあなた自身は無事に自分を保てていたとしても、いきなりミサイルが近所に落ちてきたらどうでしょうか？　今の世界ではある日突然、平和が脅かされ命を失うような事態が現実のものとして起きています。

私たちが平和な日常を当たり前に享受できていることの裏には、それを維持するために努力している（努力してきた）人がいるわけです。

あるいは、そもそも酸素がなかったらどうでしょう？　すぐに人間は死んでしまいます。酸素があるのは地球上の植物や森林などの自然のおかげです。

このように考えていくとこの世に当たり前のことなどなく、感謝の対象がどんどん広がっていくのを感じると思います。

感謝のレベルを上げれば「足る」を知れる

3つめの感謝は、たとえどんなことになっても感謝の気持ちを忘れないでいることです。まさに「生きているだけで丸儲け」の世界観です。

もしも今日、誰かに騙されて全財産を失ってしまったら？

もしも今日、事故に遭って利き腕を失ってしまったら？

もしも今日、突然の病気になって後遺症が残ってしまったら？

言葉にできないほどの最悪な状況に絶望してしまうと思います。


ですが、決して何もかもを失ったわけではありません。

全財産を失っても健康な肉体や健全な思考回路は残っています。

利き腕を失ってしまってももう1本の腕や両脚は残っています。

後遺症が残ってしまってもそれを介助してくれる他者や仲間が残っています。

「なくなったもの」ではなく「残っているもの」にフォーカスすれば、それだけで自分が持っているものに気づくことができ、そこに感謝できる感覚が芽生えます。それが「足るを知る」ということです。

京セラの創業者・稲盛和夫氏の言葉に次のようなものがあります。

《どんな境遇にあろうとも、愚痴や不満を漏らさず、常に生きていること、いや生かされていることに感謝する。そのようにして幸せを感じる心を養うことによって人生は豊かで潤いのある素晴らしいものに変えていくことができるのです》

第3の感謝のレベルにいきなり行くのは到底難しいと思えるかもしれません。この境地に至れるのは、それこそお釈迦さまの境地＝悟りの境地です。お釈迦さまは何があっても幸福度MAX100%なので悟っています。

悟りの境地に至っている人はこの世界がゲームの世界だとわかっているので、何があっても楽しめるのです。

ですから、仮にここまでは無理だとしても、それでもまずは第1の感謝を実践し、第2の感謝に進んでみてください。

感謝のやり方を知り、感謝のレベルを上げていくことで、あなたは今のあなたに「足りているもの」を知ることができます。

足りないものから足りているものにフォーカスを変え、それに感謝をすることで幸せを感じられるようになり、波動が変わって引き寄せるものも変わってくるのです。

ルール 7

それぞれのステージで それぞれの課題をこなす

7つめのルールは物事がうまくいかないときのルールです。

八百万の神ゲームのメインクエストは神様からのメッセージに気づくことですが、ゲームを攻略していく上では必ず課題となるイベントが発生します。

RPGでは「このボスを倒さないと次のエリアに行けない」というようなイベントが発生しますが、それと同じです。

イベントは個々人によって違う形をして現れます。

人によっては親との関係性かもしれませんし、パートナーとの関係性かもしれません。もしかすると職場の上司との人間関係かもしれません。

どのような場合であっても、その解決を先延ばしにしていると次のエリアには進めません。放置したまま移動しようとしても同じイベントが発生します。

例えば、職場の上司とどうしてもギクシャクしてしまい、その課題を解決しないまま転職したとします。すると、次の職場でも上司ではないかもしれませんが先輩社員などとの間に同じような課題が発生し、結局同じ悩みに囚われてしまうことになるのです。

神様は私たち〝プレイヤー〟の成長を願っています。だから乗り越えて成長するためのイベントを起こしてくれています。

イベントをクリアすることで成長できると、レベルが変わってものの見方や出会う人が変わっていきます。例えば、小学校では住んでいる地区の友達としか出会えませんが、中学校・高校に行けば別の地区の友達と出会うことができますよね。さらに大学に行けば全国から人がやってきます。

小学校のときは算数だったものが中学校では数学になり、高校や大学ではさらに高度な数学になって、より新しい人との出会いと学びが得られます。それと同じなのです。

神様からのイベントに気づくための「自己責任論」

では、神様が発生させている成長のためのイベントには、どのように気づけばいいのでしょうか？

残念ながら神様は「これが課題ですよ」とは教えてくれません。ヒントをくれるだけです。ですから、私たちが気づかなければいけません。

ですが逆に言えば、気づき力があればそれに気づけるわけなのです。

その糸口となるのが「自己責任論」です。

2000年頃から日本では「自己責任」という言葉が一般的になってきました。

アメリカ流の新自由主義的な考え方が日本に流れてきた影響だという意見もあります。

実際に1998年の広辞苑第5版には「自己責任」という言葉はなく、2008年の第6版には登場しているので、この10年間くらいで定着したのだと推測されます。

ただ、私がお伝えする自己責任論は、このような何でも自分で責任を負うような意味合いではありません。あくまでも内観するための方法論です。

これは7つの習慣の第1の習慣でもあります。

スティーブン・R・コヴィー博士の『7つの習慣』の日本語版では第1の習慣に「主体的である」と書かれており、今の自分の人生は自分の選択の結果だから、これからも自分の人生を選択できることが書かれています。

ただ、原著（英語版）には「Be Proactive」とあります。日本語に訳すと「積極的に」です。何かを成し遂げたければ自らが積極的に動かないといけない、そしてその責任を取ること——だから自己責任なのです。

不運な人は、不運が起きると周囲のせい、他人のせい、環境のせい、社会のせい、政治のせい……などにして責任を「外側」へ転嫁します。ですが、これでは何も変わりませんし、成長もできません。

そうではなく、まず現状自分の身に起きている課題を「もしかして私が悪いのか？」「もしかすると神様からのイベントなんじゃないか？」と考えてみるのです。「何が原因でこんなことを引き起こしているか」を内観することで、神様が設定したクリアすべき課題に気づくことができます。

課題に気づけば、あとはゲームなので乗り越えていくことが可能です。

成長サイクルの先にある「量子飛躍」の世界

神様が設定したイベントをクリアし成長を繰り返していくと、人間はあるタイミングで臨界点を迎えます。まるで別人のように生まれ変われるのです。

これを私は「量子飛躍（クォンタム・リープ）」と呼んでいます。

量子飛躍は量子力学の用語です。

第1章を思い出してもらいたいのですが、原子は原子核と電子で構成され、原子核の周囲を電子がグルグルと回っていましたね。電子がエネルギーの高まりによって軌道を変えた瞬間、原子は別の状態に変化します。これが量子飛躍です。

例えば、ヘリウム原子は2個の電子が1個の原子核の周りを周回する原子です。このときに電子は原子核を周回するさまざまな軌道やエネルギーレベルで見つけられます。

このときの最も低いエネルギーレベルを「1s軌道」と呼びます。2番目に低いエネルギーレベルは「2s軌道」です。

ヘリウム原子が紫外線を吸収すると電子が1s軌道から2s軌道へ遷移する可能性があるのです。理由は、電子が遷移するために必要なエネルギーと紫外線のエネルギーが等しいためです。

他にも、ヘリウム原子に高エネルギーをぶつけるとリチウム原子に変化することがあります。このような変化は突然起きます。ヘリウムが徐々にリチウムに変化するのではなく、突然変異のように瞬時に変わるのです。

同じように八百万の神ゲームのプレイヤーである私たち人間も、成長を繰り返しているとあるタイミングで量子飛躍が起こり、別人のように生まれ変わることができます。

ＲＰＧで言えばレベルアップやクラスチェンジするようなイメージです。

量子飛躍が起きたあとの世界では、それまでできなかったことが当たり前のようにできるようになります。

身近な例で言えば、自転車に乗れるようになると、それまで乗れなかったことが嘘のように当たり前に運転できるようになるのと同じです。

自己責任論はその糸口であり何度も繰り返していく方法論の１つですので、楽しみながら内観を繰り返していきましょう。

ルール8 心の声に耳を澄まして従い、真我で生きる

最後のルールをお伝えする前に、まずエピソードを１つ聞いてください。

松下幸之助、稲森和夫、大谷翔平などに多大なる影響を与えた思想家、中村天風《なかむらてんぷう》氏は、30歳のときに当時は不治の病と言われていた肺結核を発症し、医者を探して世界中を旅しました。

旅の途中、天風氏はヨーガの指導者カリアッパ師と邂逅《かいこう》し、師に導かれてヒマラヤの麓にある村の1つに入り、指導を受けることになります。

病気を治すために天風氏は教えを請いましたが、カリアッパ師は一向に教えてくれませんでした。そしてある日、師は天風氏に「コップに水を汲んでこい」と指示を出します。

言いつけ通り水を汲んできた天風氏でしたが、カリアッパ師はその場で水を捨て、もう一度なみなみと水を汲ませたあとにコップを指し「これが今のお前だ」と言いました。

師が言うには、天風氏は今までの知識や経験を手放さず、そこにさらに何かを入れようとしている、というのです。

「それではあふれるだけ。まずはお前のコップを空にしなさい」

天風氏はその後も修行を続け、自分と向き合う中ですべての原因が自分にあることに気づき、悟りを開きます。約3年後には肺結核が治って日本に帰国。その後、いくつかの事業に携わり実業界で活躍した後、実業界からも身を引いて講演家として政財界の多くの人に影響を与える人生を歩みます。

そして92歳で天寿を全うします。

8つめのルールは、このエピソードになぞらえられた「心の声に耳を澄ませ、従う」というものです。

「心の中にいる神様の存在」に気づくこと

万物に神が宿り、人間もまた神様なのですから、あなたも神様です。

周囲の人や自然や物事から神様のメッセージを受け取ることはもちろん大事なのですが、同時にあなたの心の中にも神様が宿っていてその声に従うことで強運を引き寄せ、人生はうまくいくようになります。

本書をここまで読んで神様の概念が常態化したがゆえに、「周囲から聞こえる神様の声に従わないといけない」と考えてしまうかもしれません。

それらに依存をしてしまうと「~しなければいけない」「~すべき」という観念で頭でっかちになり、本当にしたいことがわからなくなってしまうでしょう。

ですが、本来はそうではありません。あなたの心の中にも神様が宿っているのですから、そのことに目覚めて「真我《しんが》」の状態になっているのが自然です。

真我とは古代インド発祥の宗教から派生した言葉で、本当の感謝をすることで引き出される「本当の自分」のことを意味します。

本当の自分の状態になると、心の声に耳を澄まし、従うだけで物事がスムーズに進むようになります。周囲から何かを教わったとしても「自分はどうしたいのか」にフォーカスすることができてそれに従うことでうまくいくのです。

そして、そのために必要なのが中村天風氏のエピソードでお伝えした「コップの中を空にする」です。

「こうあるべき」「こうでなければならない」といった固定観念を一旦ゼロの状態にして、無我の境地に至ることです。すべてを一度手放すことで新しいものを入れることができるわけです。

無我の境地はベイビーブレインの状態である

心の声に耳を澄ませることは、表現は異なりますが『7つの習慣』の続編である『第8の習慣』の中でも語られています。

コヴィー博士によれば、第8の習慣は「内面の声＝インナーボイスを見出し、発見できるよう人を奮起させる習慣」だそうです。そして、この第8の習慣はそれまでの7つの習慣に質的な深さを加え、偉大な効果を得る力になるそうです。

結局は、心の声に耳を澄まして「自分はどうしたいのか」で生きることが大事であることを教えてくれています。

固定観念をゼロの状態にした無我の境地は、別の表現をすればベイビーブレイン（赤ちゃん脳）と同じ状態だと言うこともできます。

無我とはニュートラルな状態です。この状態は「波」と「粒」の性質が重ね合わさっている状態です。観測し、分けることによって粒化しますが、波の世界には境目がありません。

すべてがつながっている状態なので陰も陽もありません。「陰でも陽でもいインだヨウ」です（笑）。この状態は囚われがないので苦しみがありません。執着がなく苦しみから解放されています。

人間は何かを分けようとするから苦しみます。自分と他者を分けて比較するから苦しんだり、足りないものを見つけて執着してしまいます。

ですが本来、素粒子には境目はありません。どこまでが自分で、どこからが他人かは区別できないのです。

試しに髪を1本抜いてみてください。爪を切ってみるのでもいいです。果たしてあなたの体から離れた髪の毛や爪の先は「あなた」でしょうか？　それとも「あなた以外の何か」でしょうか？

仮に「あなた」だとして、その髪の毛が土に還ったらどうでしょう？　どこまでが「あなた」だと言えるでしょうか？


心の声に耳を澄まし、従おうとするとき、そこに「我」があると自分都合になってしまいます。

そうではなく、自分も他者もない無我の状態になって初めて心の声を聞くことが重要です。無我の境地で心の声に従えば自分もみんなも幸せになる流れが生まれていくのです。

量子思考は「波と粒の中間のマインド」

固定観念を捨て、波と粒の中間のマインドで生きることを、私は「量子思考で生きる」と表現しています。

量子力学が扱っている電子やクォークは「あるかもしれないし、ないかもしれない」「波かもしれないし、粒かもしれない」という可能性が重なり合った存在です。

量子思考はそれに倣って、あらゆるものを否定せず、すべてを受け入れる考え方です。「こうすべき」「これが正しい」の囚われがない状態で、仏教では執着を取り払った悟りの境地の状態と言えます。

そして赤ちゃんもまた、周囲のあらゆるものを受け入れて吸収します。つまり、ベイビーブレインもまた量子思考だと言うこともできます。

これをわかりやすく理解するために「氷」で例えてみましょう。

水は冷えると氷になり（固体化）、熱すると蒸発（気体化）します。このように状態が変化することを「相転移」と言います。

氷の状態＝固定観念で凝り固まっている状態です。氷が2つあるとぶつけることができます。人間で言えば2人の意見をぶつけ合い、固定観念を押し付け合うのに似ています。

逆に気体の状態は目に見えない波の状態で、フワフワと自由に飛び回っていて地に足がついておらず、コミュニケーションができない状態と言えるでしょう。

その中間である「水（液体）」の状態は波と粒の中間です。液体なので境目がなく、2つの水たまりを近づけるとお互いに溶け合って一体化します。

仮に片方の水たまりを「水」とし、もう片方を「カルピスの原液」として考えてみましょう。2つが混ざり合うとカルピスウォーターになります。もうどこからが水で、どこからがカルピスの原液かを分けることはできません。

ですが、2つは調和して1つの飲み物として共存しています。

このように考えると量子思考が理解しやすいと思います。

量子思考になるために知っておきたい仏教のこと

量子思考を実践するためには仏教にある八正道《はっしょうどう》を実践することが大事です。仏教では涅槃《ねはん》に至るための8つの実践徳目として八正道が説かれています。これを説明するために少し遡ってお伝えします。

まず、涅槃とは繰り返される再生の輪廻から解放された状態のことで、最高の幸福の状態のことです。「解脱《げだつ》」とも言われます。

なぜ解脱が望まれるかというと、仏教には「一切皆苦《いっさいかいく》」「諸行無常」という教えがあるからです。一切皆苦とは「この世のすべては苦しみである」という意味です。苦しみには、四苦八苦という8つの苦しみがあります。四苦は、生、老、病、死という4つの苦しみ。残り4つは、愛別離苦、怨憎会苦《おんぞうえく》、求不得苦《ぐふとくく》・五陰盛苦《ごおんじょうく》です。愛別離苦は「愛する人と別れる苦しみ」を意味します。怨憎会苦は、「嫌な人と会わないといけない苦しみ」、求不得苦は、「求めることが得られない苦しみ」、五陰盛苦とは、「肉体的、精神的な苦しみ」のことです。つまり、あらゆることは苦しみであることをお釈迦さまは説いています。

そして、この苦しみから脱却できる方法が「四諦《したい》」です。お釈迦さまの説いた4つの真理で「苦諦《くたい》」「集諦《じったい》」「滅諦《めったい》」「道諦《どうたい》」のことです。

道諦とは、悟りに導く実践のことで、その方法論が八正道です。八正道の内容は次の8つです。この8つを実践することで悟りへと導かれるのです。

①正見《しょうけん》：物事を正しく見る、四諦の道理を正しくとらえること。最も難しい。
②正思惟《しょうしゆい》：自己中心的な考え方を捨て、正しく物事を判断すること。
③正語《しょうご》：嘘、妄想、ムダ話、陰口、悪口、誹謗中傷、粗暴な言葉を言わないこと。
④正業《しょうごう》：殺さない、盗まない、性行為から離れること。
⑤正命《しょうみょう》：道徳に反する職業や仕事（生計の立て方）をしないこと。
⑥正精進《しょうしょうじん》：不善を断ずる、不善を予防する、過去の善に増長しない、善を生じさせるために努力すること。
⑦正念《しょうねん》：マインドフルネス（現状の内外に気づいた状態）でいること。
⑧正定《しょうじょう》：精神統一によって心を安定させ、迷いのない清浄な境地に入ること。正念と正定によって初めて正見が得られる。

このように書くと量子思考はとても難しいように思えるかもしれません。

ですが、お伝えしてきたように強運は「強運道」であり、仏教もまた「仏道」であって死ぬまで実践・継続していくことです。

いきなりすべてを一気にやらないといけないわけではなく、日々の生活の中で1つずつ、少しずつ実践していけばいいのです。


本書では「悟り」という言葉を何度も使ってきましたが、悟りには52の段階があります。インプットし、気づき（悟り）、アウトプットを繰り返していくのが私たちの人生なのです。

この世界はゲーム世界なのですから、実践・継続していくことはプレイヤーキャラクターの経験値を積み、レベルを上げていくことに他なりません。

このように考えれば楽しみながら「道」を進んでいけると思います。

巻末付録

8日間で+100点を目指す！

「八百万の神ゲーム」で陰徳ポイントを貯めて人生を好転させよう

「八百万の神ゲーム」で大切な8分野

強運体質になるためには、神様から愛される行動の積み重ねが大切です。巻末付録では、人生で大切な下記の8つの分野について、それぞれ「善行」「悪行」をリストアップしました。日常のさまざまなシーンで「善行」を選び「悪行」を避けることを、意識して行いましょう。

リストの項目には、横に「陰徳ポイント」を示しました。とても良い行いには＋30点や＋50点。さらにレベルによって＋20点、＋10点、＋5点と分類しました。悪い行いについてはマイナスカウントでそれぞれ分類しました。ポイントをゲットする、プラスにしていくことをゲームのように楽しめます。

226ページからの8日間の「書き込み式」ワークでは、自分の毎日の行いやポイントを可視化できます。実践して人生のステージを上げることで、強運な人生を手に入れてください。

人生が豊かになる５つの柱
1 ビジネス
2 時空間管理
3 成長と学び
4 心とメンタル
5 社会貢献（ボランティア）

人生の基盤になる３つの柱
1 お金
2 人間関係
3 健康

1 お金

善行リスト

- お金（紙幣、硬貨）を大切に扱う（+10点）
- 人が喜ぶことのためにお金を使う（+20点）
- ご馳走をしてあげる（おごる）（+20点）
- サプライズのプレゼントを買う（+30点）
- 資産を増やすことにお金を使う（+20点）

悪行リスト

- 人におごってもらう（−5点）
- お金をぞんざいに扱う（−10点）
- ムダ遣いする（浪費する）（−20点）
- 借金を返さない（−30点）
- 人のお金を盗る（−50点）
- 間違っているおつりをちょろまかす（−20点）
- 賽銭泥棒をする（−100点）

2
人間関係

善行リスト

- 相手の話を聞いて理解しようとする（+5点）
- 偏見で相手を決めつけない（+5点）
- 相手を「神様」のように尊重し敬う（+10点）
- お礼や感謝の言葉を述べる（+10点）
- 分け隔てなく接する（+10点）
- 相手の良いところをほめる（陽徳）（+10点）
- 陰で相手をほめる（陰徳）（+20点）
- 常に愛を持って人に接する（+20点）

悪行リスト

- 借金を返さない（−10点）
- 人の話を聞かず、自分の話ばかりする（−10点）
- 愚痴、不満を言う（−20点）
- 暴言を吐く、口撃する（−30点）
- 悪口、陰口を言う（−50点）

3
健康

善行リスト

- できるだけ天然物を食べる（+10点）
- できるだけ運動（散歩、ウォーキングなど）を行う（+10点）
- １日５分以上、瞑想をして自分と向き合う（マインドフルネス）（+20点）
- 鼻から吸って鼻から吐く呼吸（+20点）
- 感謝の気持ちでありがたく食事をいただく（+10点）
- 夜12時までに寝る（+5点）
- 電車やバスで席に座らない（+5点）

悪行リスト

- 暴飲暴食（−10点）
- 口から吸って口から吐く呼吸（−10点）
- 添加物の入っているものを摂りすぎる（−20点）
- お菓子を間食しすぎる（−20点）
- 働きすぎる（徹夜する）（−20点）
- 酒、たばこを嗜みすぎる（−30点）
- 運動しない（−10点）
- タクシーにばかり乗る（−10点）
- エレベーターやエスカレーターばかり使う（−10点）

1 ビジネス

善行リスト

- お客様にお金以上の価値を与える（+5点）
- お客様に喜びと感動を与える（+10点）
- お客様のフォロー、サポートに徹する（+10点）
- お客様視点で考える（+20点）
- クレームには迅速に対応する（+20点）
- 三方よしの商品、サービスを提供する（+30点）
- 人間、動物、地球にやさしい商品、
サービスを提供する（+50点）

悪行リスト

- 自社の利益ばかり追求している（−10点）
- お金に見合った価値を提供しない（詐欺）（−20点）
- 人間には都合がいいけれど
地球にはやさしくない商品、サービスを作る（−20点）
- クレーム対応を先延ばしにする、
もしくは無視する（対処しない）（−30点）
- 社員を大切にしない（経営者）（−30点）
- 傲慢な態度で社員やお客様に接する（−30点）

2
時空間管理

善行リスト

- 最優先事項を優先する
  (『7つの習慣』の第3の習慣) (+10点)
- 居心地の良い空間に身を置く (+10点)
- 前日に明日やるべきことを
  リストアップする (+10点)
- リストアップしたものから
  優先順位の高いものを3つ選ぶ (+10点)
- できるだけ約束の時間を守る (+10点)
- 掃除と整理と整頓をする (+30点)

悪行リスト

- 無意味、ムダな時間を過ごす (−10点)
- 予定を詰め込みすぎる (セカセカ周波数) (−10点)
- 「忙しい」「時間がない」が口癖 (−10点)
- 物事を先延ばしにする (−20点)
- 遅刻する (時間にルーズ) (−30点)

3 成長と学び

善行リスト

- 新しい学びを積極的に取り入れる（+10点）
- 新しい出会いの場へ足を運ぶ（+10点）
- 何にでも好奇心を持つ（+10点）
- 興味がないジャンルにも関心を示す（+10点）
- 出会った人の「良いところ」を見つける（+10点）
- 素直な心を持つ（心を開いて人に接する）（+20点）
- 学んだら即実践して人に教える（+30点）

悪行リスト

- 向上心を持たない（−5点）
- 物事への興味、関心を示さない（好奇心がない）（−5点）
- 自分の考えを「正しい」と思い込む（−10点）
- 小さなことでもチャレンジしない（−10点）
- 古い考えに固執している（−30点）

4
心とメンタル

善行リスト

- 今生きていることに感謝する（+10点）
- 「ないもの」より「あるもの」にフォーカスする（足るを知る）（+10点）
- 物事を前向きにとらえる（+10点）
- 理不尽なことがあってもすぐに許す（+10点）
- 自分が悪いと思ったらすぐに謝れる（+10点）
- 愛と感謝を大事にする（+20点）

悪行リスト

- 人を傷つけることを言う（−10点）
- いつまでも憎しみの心を持って相手を許さない（−20点）
- 自分へのダメ出しをする（責める、自己肯定感を下げる）（−20点）
- 無理な自己犠牲をしてまで人のために尽くす（魂を傷つける）（−20点）
- 夜な夜な藁人形に釘を打つ（−50点）

5
社会貢献
（ボランティア）

善行リスト

- コンビニで寄付をする（+5点）
- 駅前での募金活動に貢献する（+5点）
- ゴミ拾いをする（+10点）
- ゴミの分別をする（+5点）
- 駅前で托鉢する僧侶にお布施をする（+20点）
- 神社仏閣にお賽銭、お布施をする（+50点）

悪行リスト

- ゴミの分別をしない（−5点）
- 募金活動を無視する（−5点）
- 社会貢献に興味を持たない（−5点）
- 高齢者に席を譲らない（−10点）
- 自己中心的に振る舞う（−10点）

「八百万の神ゲーム」で陰徳ポイントを貯めよう

８日間の「書き込み式」ワークでは、善行を選ぶこと、徳を積むことをポイント制で楽しんで実践することができます。２２６ページ以降の書き込み式用紙に、８つの分野で自分が行った「善行」「悪行」をピックアップして点数（陰徳ポイント）とあわせて記入します。８日間実践したら、２３４ページの「８日間の振り返りワーク」の記入欄にポイントを書き込んで累計を算出します。あわせて、ワークを終えて自分が感じたこと、変わったことなどを「振り返りメモ」に書いてみてください。

「陰徳ポイント」は、８日間で累計+１００点を目指します。１回で終わらせず、何度でも行って今の自分の生活を振り返ってください。この積み重ねと繰り返しが強運体質への道で、人生を通してやるべき習慣でもあります。

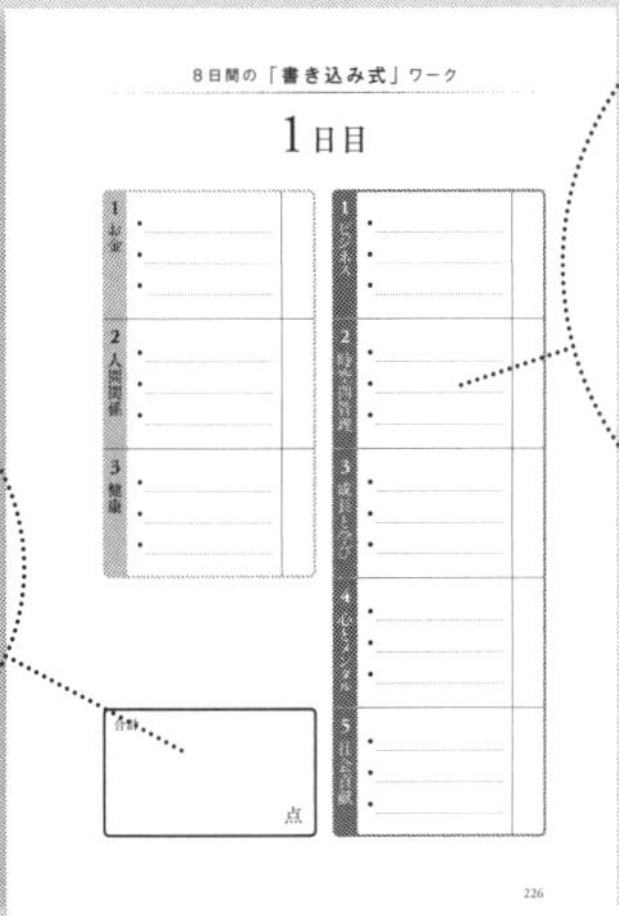

217〜224ページのリストから、今日行った善行と悪行を分野別に書き込みます。あわせて陰徳ポイントも記入し、それぞれの合計点を算出します。

8つの分野の点数の合計も算出し、この欄に記入します。

1日目

1 お金	• …… • …… • ……	
2 人間関係	• …… • …… • ……	
3 健康	• …… • …… • ……	

1 ビジネス	• …… • …… • ……	
2 時空間管理	• …… • …… • ……	
3 成長と学び	• …… • …… • ……	
4 心とメンタル	• …… • …… • ……	
5 社会貢献	• …… • …… • ……	

合計

点

2日目

1 お金	• ……… • ……… • ………	
2 人間関係	• ……… • ……… • ………	
3 健康	• ……… • ……… • ………	

1 ビジネス	• ……… • ……… • ………	
2 時空間管理	• ……… • ……… • ………	
3 成長と学び	• ……… • ……… • ………	
4 心とメンタル	• ……… • ……… • ………	
5 社会貢献	• ……… • ……… • ………	

合計

点

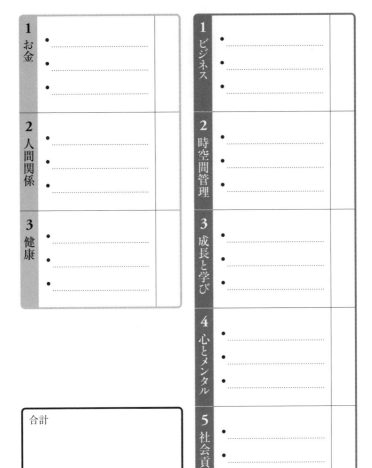

3日目

1 お金	• …… • …… • ……	
2 人間関係	• …… • …… • ……	
3 健康	• …… • …… • ……	

1 ビジネス	• …… • …… • ……	
2 時空間管理	• …… • …… • ……	
3 成長と学び	• …… • …… • ……	
4 心とメンタル	• …… • …… • ……	
5 社会貢献	• …… • …… • ……	

合計

点

4日目

1 お金	• • •	
2 人間関係	• • •	
3 健康	• • •	

1 ビジネス	• • •	
2 時空間管理	• • •	
3 成長と学び	• • •	
4 心とメンタル	• • •	
5 社会貢献	• • •	

合計

点

5日目

1 お金	• • •	
2 人間関係	• • •	
3 健康	• • •	

1 ビジネス	• • •	
2 時空間管理	• • •	
3 成長と学び	• • •	
4 心とメンタル	• • •	
5 社会貢献	• • •	

合計

点

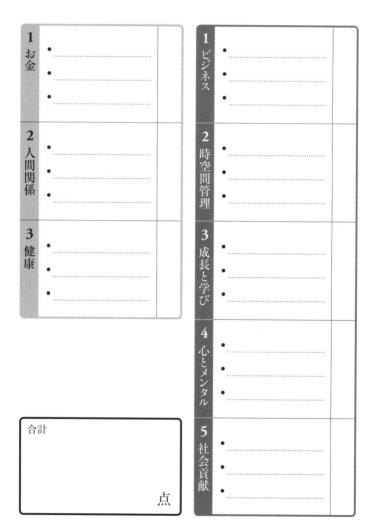

6日目

1 お金	• • •	
2 人間関係	• • •	
3 健康	• • •	

1 ビジネス	• • •	
2 時空間管理	• • •	
3 成長と学び	• • •	
4 心とメンタル	• • •	
5 社会貢献	• • •	

合計

点

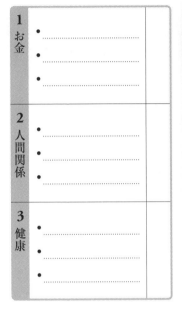

7日目

1 お金	• • •	
2 人間関係	• • •	
3 健康	• • •	

1 ビジネス	• • •	
2 時空間管理	• • •	
3 成長と学び	• • •	
4 心とメンタル	• • •	
5 社会貢献	• • •	

合計

点

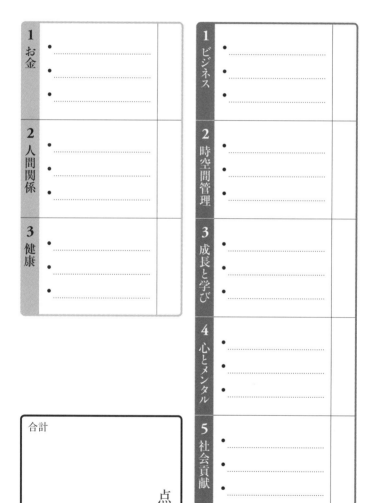

8日目

1 お金	・ ・ ・	
2 人間関係	・ ・ ・	
3 健康	・ ・ ・	

1 ビジネス	・ ・ ・	
2 時空間管理	・ ・ ・	
3 成長と学び	・ ・ ・	
4 心とメンタル	・ ・ ・	
5 社会貢献	・ ・ ・	

合計

点

8日間の振り返りワーク

1日目 点	2日目 点	3日目 点
4日目 点	5日目 点	6日目 点
7日目 点	8日目 点	陰徳ポイント累計 点

［ 振り返りメモ ］

おわりに　――どれくらい強運に生きるかはあなた次第

本書では、量子力学に仏教的な要素も取り入れて強運についてお伝えしました。

最後にお伝えしたいのは「強運には段階がある」ということです。

改めてお伝えすると、強運は「思いもよらない良いことを引き寄せる状態」のことです。ただし、良いことのレベルは人によって違います。

「たまたま入ったスーパーマーケットで卵が50円で特売されていた」というレベルのものから「宝くじで1億円が当たった」というものまでさまざまですが、どちらも〝思いもよらない＝想定外〟という意味では同じです。

本書でお伝えしたノウハウは、あなたを強運に導くための方法論です。

ただし、どれくらい実践してどれくらいのレベルの強運を引き寄せられるかはあなた次第です。大きな強運を引き寄せられる人とそうでない人の差は、強運の方程式《強運＝情報量×行動量^2》の実践値の差に比例します。

10の情報がある人と1000の情報がある人とでは当然ながら選択肢も違いますし、その先の可能性も違います。10の行動をする人と1000の行動をする人では当然ながら結果の出るスピードも質も変わってきます。引き寄せられる強運の大きさが変わるのです。

本書のノウハウを参考に、あなたはどのレベルを目指しますか？

無理に高いレベルを目指せとは言いません。量子思考には「～しなければならない」がないからです。どのレベルを目指してもいいのです。

まずはちょっとした神様からのメッセージに気づこうとしてみましょう。身の回りにある数や音を探して、そこにどんなメッセージがあるかを知りましょう。

次に、毎日1つでもいいから陰徳ポイントを貯める行動をしてみましょう。善行を1つ積み、悪行を1つやめるところからで構いません。

あなたが行動したことを天は必ず見てくれています。

そして、いざ実践したらまずは3日やってみましょう。

習慣化のマジックナンバーは「3」です。3日、3週間、30日……と続いていくのですが、私としては「3の倍数」がちょうど良くておすすめです。

3は物理学者であり発明家でもあった天才ニコラ・テスラが愛した数字でもあります。テスラは子供の頃から3の倍数が好きで、後に「あなたが3、6、9という数字の素晴らしさを知れば宇宙への鍵を手にすることになる」という言葉も残しています。

これは「369の法則」と呼ばれ、「世の中は3の倍数でできている」という宇宙の法則ともされています。

まずは3日やってみる。できたら6日やってみる。

そうやって9日、12日、15日……と続けて90日（3カ月）も続けられれば、立派な習慣になっています。

これは一日一善で不運を脱することにも、掃除・整理・整頓で幸運になる（維持する）ことにも、陰徳ポイントを貯めて強運体質になることにも、すべてにおいて活用できる法則です。

何度もお伝えしているように強運は「強運道」ですので、続けられる限り生涯にわたって継続して行ってください。


神様からのメッセージに気づけるようになり、シンクロニシティが起こり、それに気づけるようになれば、あなたはもうこの八百万の神ゲームを立派に攻略している強豪プレイヤーです。

実現したいことを実現できているのはもちろんのこと、自分のレベルに合った思いもよらない良いことを引き寄せ、質の良い出会いや情報やお金、望む仕事、良好な人間関係に囲まれた人生を送っていることでしょう。

そんな日々が1日も早くあなたの元に訪れることを願っています。

高橋宏和

〈著者〉

高橋宏和（たかはし・ひろかず）

一般社団法人イーアイ・アカデミー代表理事。量子力学コーチ。ロンドン大学インペリアルカレッジ物理学科に合格後、日本へ帰国し慶應義塾大学理工学部に入学。慶應義塾大学大学院に進学し、オックスフォード大学の教授ロジャー・ペンローズ博士の「量子脳理論」をヒントに、量子力学を応用した人工知能プログラムの研究開発を行い、修士課程を修了。

学生時代から学び続けてきた東洋哲学、成功哲学、心理学、脳科学やコーチングを「量子力学」で解明し、科学的コーチングメソッド『量子力学コーチング®』を確立し、コーチやセミナー講師として独立。その内容は、公式LINE読者13万人やYouTube登録者3.6万人を超える方にも配信され、多くの感動を呼んでいる。『7つの習慣®』の研修プログラムを開発し、世界76カ国に広めた伝説のコンサルタント、ロイス・クルーガー氏と経営者向けエグゼクティブコーチングプログラム、『ベイビーブレイン®』を開発。『ウォーターフロー経営』の提唱者。人生の使命は「世界中の人々に夢と希望を与え、誰もが自己実現できる社会を創ること」。著書に『あなたの夢を叶えもん』（サンマーク出版）、『「量子力学的」願望実現の教科書』『「量子力学的」お金と引き寄せの教科書』（ともに小社刊）、『「量子力学的」幸せな生き方大全』（KADOKAWA）がある。

シンクロニシティが次々《つぎつぎ》と起《お》こる絶対法則《ぜったいほうそく》

「量《りょう》子《し》力《りき》学《がく》的《てき》」強《きょう》運《うん》の方《ほう》程《てい》式《しき》

2024年1月31日　初版第1刷発行

著　　者　高橋宏和《たかはしひろかず》

発 行 者　小川 淳

発 行 所　SBクリエイティブ株式会社
〒105-0001 東京都港区虎ノ門2-2-1

編 集 担 当　小澤由利子（SBクリエイティブ）

印刷・製本　中央精版印刷株式会社

本書をお読みになったご意見・ご感想を
下記URL、または二次元コードよりお寄せください。

https://isbn2.sbcr.jp/23760/

ISBN978-4-8156-2376-0